GUIDE
POUR LES CHRÉTIENS
DÉSORIENTÉS

Ralph Weimann

Guide pour les chrétiens désorientés

Préface du Cardinal Robert Sarah

DMM

Du même auteur,
Avec Mgr Markus Graulich

Oser l'aventure du mariage - Dire « Oui » dans la foi, DMM, 2016.

Préparation et entretien sur le baptême, Guide pour les parents et le célébrant, DMM, 2019.

Cet ouvrage a été publié en allemand sous le titre :
Ralph Weimann,
Wegweisung für verunsicherte Christen,
Fe-Medienverlag, Kisslegg-Immenried, 2021.

ISBN : 978-2-85652-454-1

DMM, B.P. 263 - 86000 Poitiers
www.editionsdmm.com
e-mail : contact@editionsdmm.com

Préface

Je suis heureux de préfacer l'ouvrage : *Guide pour les chrétiens désorientés*, dont l'auteur est un prêtre allemand, l'abbé Ralph Weimann, docteur en théologie et en bioéthique, et professeur à l'université pontificale saint Thomas d'Aquin (*Angelicum*) à Rome. Il est aussi membre du « Nouveau Cercle des Élèves de Joseph Ratzinger » (« Neuer Schülerkreis Joseph Ratzinger »).

Depuis plus de cinquante ans, nous nous référons tous au Concile Vatican II, et beaucoup promeuvent « l'esprit du Concile » dans une herméneutique de rupture. L'Église traverse aujourd'hui une grave crise qui se manifeste par une érosion progressive de son enseignement doctrinal et moral. Ce n'est un secret pour personne que de nombreux chrétiens de notre temps soient déstabilisés, désorientés et dans la confusion totale. Et comme dit Benoît XVI : « sans vouloir appliquer à ce qui s'est passé en ces années la description que le grand Docteur de l'Église, Saint Basile, fait de la situation de l'Église après le Concile de Nicée (325) : il la compare à une bataille navale dans l'obscurité de la tempête, disant entre autres : « Le cri rauque de ceux qui, en raison de la discorde, se dressent les uns contre les autres, les bavardages incompréhensibles, le bruit confus des clameurs ininterrompues a désormais rempli presque toute l'Église en faussant, par excès ou par défaut, la juste doctrine de la foi » »[1]. La Tradition elle-même est décriée et rejetée. Ceux qui lui sont fidèles sont punis et bannis de la communion ecclésiale. Et on a tendance de faire de l'Église un groupe davantage social que mystérieux et sacramental. Et il n'est pas rare que le contenu même du *Credo* soit mis en doute, si bien que le chrétien est exposé à une variété d'opinions contradictoires. Peu d'entre eux savent que déjà au IV siècle, le même saint Basile le Grand († 379) s'adressait aux évêques d'Italie et de Gaule pour se plaindre amèrement que ceux qui remettaient en question la foi portaient le nom de « chrétiens ». Il écrivait en effet : « L'observation consciencieuse des traditions des Pères est maintenant terriblement punie comme un crime. Ceux qui craignent Dieu sont chassés de leurs maisons et bannis dans des terres déso-

1 Benoît XVI, *Discours à la Curie Romaine*, 22 décembre 2005.

lées ». C'est la même expérience douloureuse que vivent aujourd'hui de nombreux croyants qui veulent demeurer fidèles à la Tradition et à la foi de leurs pères. Il n'est pas rare qu'ils aient perdu leur foyer spirituel, qu'on les ridiculise et qu'on les qualifie de rétrogrades, qu'ils soient détruits et dispersés, et, souvent, on leur dit même qu'il n'y a pas de place pour eux dans l'Église.

Ce faisant, on oublie un point fondamental : il ne peut y avoir de progrès dans la foi sans fidélité à la foi de nos pères. Saint Paul recommande justement à son fils spirituel Timothée de combattre le bon combat de la foi, « en évoquant le souvenir de la foi sans détour qui est en toi, foi qui, d'abord, résida dans le cœur de ta grand-mère Lois et de ta mère Eunice et qui, j'en suis convaincu, réside également en toi » (2Tm1,5). C'est ainsi que le pape Benoît XVI a pu écrire : « Ce que les générations précédentes considéraient comme sacré, reste sacré et grand pour nous aussi, et ne peut pas soudainement être complètement interdit ou même considéré comme nuisible ». Il ne s'agit pas de s'accrocher à ce qui est ancien pour le plaisir de revenir au « bon vieux temps », mais de rester fidèle à la source, qui *est* Jésus-Christ : il est la nouveauté qui ne peut jamais et à aucun moment être dépassée. Il est donc nécessaire de s'accrocher à Lui.

Plus que jamais, les croyants ont besoin de doctrine et d'enseignement moral sûrs, d'une orientation et de conseils fiables. Il ne faut pas les laisser seuls au milieu de confusion des opinions, sinon ils risquent de s'égarer. Enseigner ceux qui ignorent et conseiller ceux qui doutent est l'une des œuvres spirituelles de la miséricorde. Ce service de la vérité, qui est Jésus-Christ lui-même (cf. Jn 14,6), est d'une importance fondamentale à notre époque. C'est tout à l'honneur de l'abbé Ralph Weimann, théologien vivant dans le monde d'aujourd'hui et particulièrement attentif aux défis actuels de l'Église, mais ancré dans la grande Tradition de l'Église, d'avoir apporté une contribution précieuse à ce service éminent dans le présent ouvrage : *Guide pour les chrétiens désorientés*.

Le livre traite de dix-huit sujets qui sont liés aux articles du *Credo* et constituent la base de notre foi. Tout y est clair : la foi est compatible avec la raison; par elle se rend visible le Dieu invisible qui s'est définitivement révélé en Jésus-Christ. Et l'Église a la mission d'être l'instrument du salut et de mettre les hommes en présence de Dieu, en particulier par les sacrements. Un regard sur la structure sacramentelle de l'Église montre clairement que le croyant n'est pas seul, mais qu'il est intégré dans la communion avec Dieu, les anges et les saints. Ainsi, la vie de chaque être humain ne reçoit son véritable sens et sa valeur que de Dieu.

Le but de ce livre est de formuler des conseils pour montrer le chemin qui mène à Jésus-Christ, le Fils du Dieu vivant. C'est dans ce but que, dans chaque chapitre, les préjugés les plus courants qui ont la prétention de se dresser contre la foi et l'Église sont exposés dans un premier temps. Puis, dans un second temps, une réponse leur est donnée, fondée sur la Sainte Écriture et la Tradition. Ce livre est donc une aide précieuse, surtout pour les croyants déstabilisés, mais il est tout aussi utile à tout catholique qui veut être prêt à « présenter une défense et rendre raison » de sa foi (1 P 3,15).

Je souhaite que ce livre soit largement diffusé afin que les fidèles puissent devenir d'authentiques témoins de l'Évangile, en le préservant de toute erreur et en le mettant en pratique afin de demeurer en communion avec le Dieu vivant et adorer le Christ comme Roi et Seigneur.

En la solennité
de Notre-Seigneur Jésus-Christ,
Roi de l'Univers,
le 21 novembre 2021.

† Robert Card. Sarah

Avant-propos[2]

Il y a plus de quarante ans, Hans Urs von Balthasar a publié un ouvrage intitulé : *Aux croyants incertains*. Dès la préface, il aborde directement un problème qui le préoccupe particulièrement et dont il sera également question dans ce livre. Assez souvent, les théologiens déstabilisent ceux qu'ils considèrent avec une certaine hauteur comme des « simples d'esprit » : ce sont ces chrétiens qui croient simplement en Jésus-Christ et veulent suivre son enseignement. Von Balthasar compare ces théologiens aux scribes et aux pharisiens, que le Seigneur qualifie d'« hypocrites », parce qu'ils interdisent l'accès du Royaume des

---

2 Cet ouvrage a été publié en allemand sous le titre : *Wegweisung für verunsicherte Christen*, Editions Fe-Medienverlag, Kisslegg-Immenried, 2021. Avec l'accord de l'auteur, dans l'édition française du livre, certaines notes ont été ajoutées et quelques expressions ont été modifiées à destination du lecteur francophone.

cieux aux autres et qu'ils n'y entrent pas eux-mêmes (cf. Mt 23,12).

Cette tendance n'a cessé de s'affirmer et de croître depuis cette époque. Ainsi, le fait de professer sans équivoque la vérité révélée est assimilée à du fondamentalisme, tandis que la remise en cause des vérités les plus fondamentales de la foi est tolérée et propagée. Dans ce contexte, on peut noter une nouvelle fois la véracité de l'avertissement contenu dans la première épître de saint Jean : « Ils sont sortis de chez nous mais ils n'étaient pas des nôtres » (1 Jn 2, 19). Ainsi, l'appartenance à Jésus-Christ, qui s'est révélé comme le Chemin, la Vérité et la Vie (cf. Jn 14,6), suppose de connaître et de suivre la vérité qu'il a proclamée.

Il reste que, de nos jours, c'est plutôt la tendance inverse qui prédomine. En effet, pour beaucoup de nos contemporains, la nouvelle norme n'est plus la vérité révélée en Jésus-Christ, mais celle qui correspond à leurs propres désirs et préférences. Ce faisant, ils se réfèrent avant tout aux critères qui ont cours dans la société. En appliquant des méthodes complexes dites « scientifiques » souvent difficiles à comprendre pour le profane, les théologiens « modernes » ont la prétention d'ouvrir de « nouvelles voies ». Ils affirment que les temps ont changé et que la foi obéit désormais à des paradigmes différents. Ceux qui osent émettre des critiques ou des objections sont de plus en plus écartés par les partisans de ces nouvelles classifications.

Or, la foi n'est fondée ni sur des majorités d'opinions, ni sur l'esprit du temps, qui évoluent constamment, et elle ne doit pas non plus se faire le porte-parole d'un courant politique dominant, mais elle doit toujours être la réponse personnelle à Dieu qui se révèle. « La foi est une façon de posséder ce que l'on espère, un moyen de connaître des réalités qu'on ne voit pas » (He 11, 1). Par conséquent, la foi est précédée par la Révélation de Dieu. Dans ce contexte, cet avertissement de l'Apôtre, qui demeure valable en tout temps, devient compréhensible : « Il n'y a pas d'autre évangile : il y a seulement des gens qui jettent le trouble parmi vous et qui veulent changer l'Évangile du Christ. Pourtant, si nous-mêmes, ou si un ange du ciel vous annonçait un Évangile différent de celui que nous vous avons annoncé, qu'il soit anathème ! » (Gal 1, 7-8).

L'Évangile, considéré par une personne comme une ligne directrice, ne peut déployer toute son efficience que s'il est accueilli dans la foi. Le doute, qui déstabilise beaucoup de nos contemporains, est contraire à la foi (cf. Jc 1,6), car il conduit finalement à douter de Jésus-Christ.

L'Église parle donc de la « lumière de la foi », grâce à laquelle Dieu, ainsi que le chemin qui mène vers Lui, se rendent visibles. Or, cette lumière de la foi menace de s'éteindre en beaucoup de nos contemporains, et une sorte de « cercle vicieux » se met en place : par une remise en question délibérée de la vérité révélée, les fidèles sont déstabilisés. Tout comme une goutte d'eau tombant sans discontinuer finit par éroder une pierre, le doute persistant mine la foi. En effet, il rend la confession de la foi sans objet, car une profession de foi sans conviction est sans valeur. Cela entraîne aussi une perte de crédibilité du croyant.

Un tel cercle vicieux ne peut être brisé qu'à cette condition : dans un premier temps, il convient de ne jamais laisser la place au doute, ni accessoirement à *la* tentation du diable par excellence (cf. Gn 3,1)[3], mais il faut privilégier avant tout « l'attente assurée des choses qu'on espère » (He 11, 1). Alors, et seulement alors, il est possible de formuler cette réponse : « Quiconque demande reçoit; qui cherche trouve; à qui frappe, on ouvrira » (Mt 7,8).

---

3 La « méga-tentation » de l'être humain est de vouloir se faire l'égal de Dieu : « Dieu sait que, le jour où vous mangerez du fruit de l'arbre la connaissance du bien et du mal, vos yeux s'ouvriront, et vous serez comme des dieux, connaissant le bien et le mal » (Gn 3, 5).

Cet ouvrage a pour objectif de proposer un guide dans le domaine essentiel de la foi. Il veut aider les chrétiens de notre temps peu sûrs d'eux-mêmes à acquérir cette clarté qui leur permettra de vivre leur foi au milieu des vents contraires toujours plus impétueux de l'incroyance et de la sécularisation. En se fondant uniquement sur la Révélation de Dieu, transmise par l'Église par la Sainte Écriture et la Tradition, ce livre offre des réponses à certaines des interrogations les plus fréquentes sur la foi. Dans un langage facile à lire, dans chaque chapitre, la première étape consiste à présenter un problème avant d'y répondre dans un second temps.

1

Peut-on connaître la vérité et la professer ?

Lorsque le mot « vérité » est prononcé, beaucoup prennent peur car ils l'associent à l'étroitesse d'esprit et à l'intolérance. Cette tendance est encore plus marquée dans le domaine de « l'apologétique », qui est tombée dans le discrédit d'une « défense » discutable de la foi, et ceci pour plusieurs raisons. D'une part, le fait de défendre la foi semble déshonorant pour beaucoup de nos contemporains, car ils pensent que ceux qui se défendent sont censés avoir quelque chose à cacher. D'autre part, on estime que les catégories du « vrai » et du « faux » ne peuvent plus être utilisées aujourd'hui. De fait, en raison des progrès de la science et de la complexité des techniques, beaucoup de gens pensent spontanément qu'un positionnement clair à l'égard de la vérité n'est tout simplement pas possible. Ils admettent que, au mieux, on peut s'approcher de la vérité et qu'une telle démarche aboutit à un résultat plus ou moins réussi. Toutefois, il apparaît clairement qu'une telle position à l'égard de la vérité révélée engendre de sérieuses conséquences. En effet, si celle-ci ne peut être connue, est-il possible d'en être le témoin ?

Pour répondre à cette question, il faut d'abord dissiper un malentendu fondamental. Dans la Grèce antique, « l'apologétique » était considérée comme un écrit destiné à défendre une idée. Elle a acquis un sens nouveau et plus large dans le christianisme. La première lettre de saint Pierre dit : « Soyez toujours prêts à répondre [*apologia*] à quiconque vous demande de rendre raison de l'espérance qui est en vous » (1 P 3,15). L'apologétique est donc bien plus qu'une défense de la foi ; elle vise à montrer le caractère raisonnable et la logique interne de la foi.

Notre réponse repose sur le principe de base suivant : la foi n'est pas irrationnelle, mais plutôt « super-rationnelle », en ce sens qu'elle indique une perspective qui ne s'arrête pas à *hinc et nunc* (ici et maintenant), mais conduit à la vie éternelle. La foi est donc la réponse de la personne humaine à la Révélation divine (*logos*), qui, en tant que vérité, constitue la structure de base du christianisme. Ainsi, la foi chrétienne ne repose pas sur des idées ou des théories élaborées par des êtres humains, mais sur Dieu qui s'est révélé en Jésus-Christ comme « le chemin, la vérité et la vie » (Jn 14,6). Ainsi, ceux qui refusent ce principe fondamental rejettent la foi chrétienne parce qu'ils rejettent Jésus-Christ.

Cependant, il est important de souligner que si nous ne pouvons pas posséder la vérité, nous pouvons néanmoins y avoir part, et, par conséquent, nous pouvons la reconnaître en tant que telle. De fait, ce serait le contraire de l'humilité que de refuser à la foi la prétention d'accéder à la vérité, car cela équivaudrait finalement à nier Dieu lui-même. En effet, Dieu s'est communiqué d'une manière nouvelle par son Incarnation en Jésus-Christ, et c'est pourquoi la véritable humilité consiste à ne pas soumettre cette réalité divine à ses propres normes humaines, mais, au contraire, à se conformer à la norme divine. Au commencement était le Verbe de Dieu (cf. Jn 1,1), c'est-à-dire la raison inscrite dans la foi.

Cette structure de base du christianisme a suscité l'émergence d'universités dont les fondements essentiels ont été posés par l'Église catholique (comme la *Sorbonne* à Paris, la *Sapienza* à Rome, l'*Université d'Oxford*, etc.), même si, de nos jours, cette réalité est souvent occultée, d'autant plus que très souvent l'Église est faussement décrite comme une institution hostile à la science. Déjà au II siècle, le martyr saint Justin (†165) était conscient que la tâche propre de chaque chrétien est de « parler et répondre ». Mais cela ne peut se faire que si la foi du croyant est vraie, et si celui-ci intègre cette vérité dans sa propre vie, en d'autres termes, s'il cherche à l'intérioriser pour être en mesure de la transmettre.

Au cours des dernières décennies, on a assisté à un processus de sécularisation de plus en plus radical, qui a conduit à un véritable analphabétisme religieux. À l'heure actuelle, le plus important est de montrer la conformité de la foi à la raison ainsi que sa beauté intérieure, et de répondre aux multiples questions que nous posent nos contemporains. Confesser sa foi en Jésus-Christ, c'est professer la vérité ; celle-ci peut être à la fois reconnue comme telle et source de liberté (cf. Jn 8,32).

2

La foi est-elle plus qu'un pieux conte de fées ?

Il n'est pas rare que la foi catholique soit perçue par le grand public comme un pieux conte de fées ou même comme un moyen de se projeter à bon compte vers l'au-delà. Dès 1941, le théologien protestant et professeur du Nouveau Testament Rudolf Karl Bultmann (†1976) résumait cette attitude en affirmant : « on ne peut pas utiliser l'électricité et la radio et croire en même temps au monde des esprits et des miracles du Nouveau Testament »[4]. On peut constater que le « Dieu » de l'homme considéré comme « éclairé » est la science, alors qu'en même temps il n'y a plus de place dans le canon[5] moderne de la science pour

---

4 Rudolf Bultmann, *Neues Testament und Mythologie*, cité par Hollenweger (1982), p. 73. Ouvrage non traduit en français.

5 Le mot canon, du grec *kanôn*, est un ensemble de normes

une connaissance basée sur une foi, qui, par nature, a une dimension surnaturelle. Ainsi, la foi est-elle plus qu'un pieux conte de fées ?

Avant de pouvoir répondre à cette question, il convient de clarifier certains points fondamentaux. De fait, si l'on s'en tient à une pensée rationaliste (basée sur la seule raison) et immanentiste (limitée aux deux dimensions suivantes : ici et maintenant), il n'y a pas de place pour la foi. Le problème fondamental est le caractère étriqué d'une telle méthode. En effet, aussi importants que soient les faits visibles et donc vérifiables, ils ne peuvent saisir qu'une infime partie de la réalité. Dans ce cas, des éléments aussi essentiels que la capacité d'aimer, la vie spirituelle et aussi la question de Dieu, sont laissés de côté.

« Dieu est esprit » (cf. Jn 4,23) ; par conséquent, il est soustrait à l'étude des sciences exactes[6], qui se limitent au monde visible. En revanche la foi ouvre une perspective plus large qui inclut le surnaturel, c'est-à-dire une réalité qui existe au-delà de la nature. Il y a déjà très long-

---

promulguées par les conciles sur la foi et la discipline de l'Église.

6 Les sciences exactes regroupent : les sciences de la nature : chimie, physique, biologie, astronomie… et les sciences formelles : mathématique, informatique, géométrie, logique…

temps que, avec des paroles d'une rare intensité, saint Augustin (354-430) a mis en évidence le fait que la pensée de l'homme n'est pas limitée par le « ici et maintenant » de l'immanentisme, mais que tout être humain porte son regard et son attention vers Dieu : « Tu nous as faits pour Toi, Seigneur, et notre cœur est sans repos tant qu'il ne demeure pas en Toi », déclare saint Augustin. Il explicite ce point fondamental à partir de l'ordre de la création : l'homme est créé l'image de Dieu (cf. Gn 1,27) ; c'est pourquoi il est créé pour connaître et aimer Dieu, il a une âme immortelle. Sans Dieu, source d'immortalité, la créature tombe dans le néant (concile Vatican II, constitution pastorale *Gaudium et Spes*, 36).

Dieu n'est donc en aucun cas une projection de l'homme, mais il est cette réalité à la fois à l'origine de toute vie et son but ultime. Dieu est le Créateur et la Finalité, ou, comme le dit la Sainte Écriture, « le commencement et la fin » (Ap 22, 13). Le sens de notre vie nous est révélé en Dieu seul ; oui, en Dieu seul chacun peut trouver son accomplissement, et celui-ci n'est pas limité par la mort, mais il aboutit à la vie éternelle.

La présence de Dieu étant inscrite dans la nature, il est possible de la percevoir et de la connaître (cf. Rm 1, 19) ; elle constitue aussi le fondement de la vraie pensée rationnelle. De plus, Dieu a voulu se révéler pour nous rencontrer, nous, les êtres humains, avec l'objectif de nous communiquer son intelligence et sa sagesse (cf. Ep 1, 8-9). Cela a eu lieu d'une manière incomparable et unique dans l'Incarnation de Jésus-Christ, pour que nous devenions participants de la nature divine (cf. 2 P 1, 4). La Révélation de Jésus-Christ (appelé aussi en grec : *Logos* ou le Verbe) est le point de départ de la foi, ainsi d'ailleurs que sa référence unique et constante. La foi n'est donc pas seulement une question de logique et de cohérence par rapport à la réalité, mais elle est aussi la seule façon de correspondre aux attentes les plus profondes inscrites dans la nature humaine, en particulier dans son intériorité (ou son âme). La foi est donc la réponse de l'homme à Dieu qui se révèle à lui : c'est pourquoi elle est nécessaire au salut. Car, comme l'a dit Jésus : « celui qui croira et sera baptisé sera sauvé » (Mc 16,16).

La négation de Dieu ne procure en aucun cas à la personne humaine un surplus de rationalité, mais elle équivaut plutôt à une perte de sens, et donc de dignité. Si cette négation est formulée en invoquant la science, alors la science devient non scientifique, car il est amplement prouvé, et de plus en plus à notre époque, que la méthode scientifique ne permet pas une telle négation. Et si un théologien nie la réalité surnaturelle, il cesse d'être un théologien, puisque Dieu (en grec *Theós*), qui est le Créateur incréé, est au-delà de la « nature ».

3

Dieu me bénit-il si je crois à ma façon ?

Le roi de Prusse Frédéric le Grand (†1786), qui était protestant et franc-maçon, disait que Dieu bénissait tout homme quelle que soit la manière dont il croyait. L'un des théologiens les plus influents du siècle dernier, Karl Rahner (†1984), a exprimé cette idée d'une manière plus précise. Il est allé jusqu'à dire que toute personne peut être considérée comme un « chrétien anonyme » sans qu'elle ait besoin de confesser explicitement sa foi. On peut constater que, de nos jours, une telle idée est répandue parmi les catholiques. Ainsi, nombre de nos contemporains veulent bien croire d'une manière ou d'une autre en quelque chose, à condition que cette foi corresponde à leurs propres idées. Ils s'éloignent alors des orientations précises, voire des directives inhérentes à toute communauté religieuse détentrice d'un ensemble doctrinal constitutif de la foi, de sorte qu'en définitive, ils ne confèrent à aucun *Credo*, dogme ou magistère un caractère contraignant. La question suivante est donc importante : chacun peut-il être croire en Dieu comme il l'entend ou à sa façon ? En d'autres termes, la foi peut-elle être séparée de son contenu ?

La caractéristique essentielle du christianisme est la foi en un Dieu personnel qui s'est révélé en Jésus-Christ. Par conséquent, l'adhésion à Jésus-Christ est la condition préalable à la foi. La foi présuppose la conversion : « Convertissez-vous et croyez à l'évangile ! » (Mc 1,15). L'épître de saint Paul aux Éphésiens décrit ainsi ce processus de conversion : « Il s'agit de vous défaire de votre conduite d'autrefois, c'est-à-dire de l'homme ancien corrompu par les convoitises qui l'entraînent dans l'erreur. Laissez-vous renouveler par l'Esprit dans votre intelligence ! » (Ep 4, 22-23). Ainsi, la conversion est la condition *sine qua non* pour devenir chrétien ; elle procure aussi une nouvelle dimension à son existence. De fait, pour le croyant, l'élément déterminant est la révélation de Dieu, et non ses propres désirs et idées. Les Actes des Apôtres témoignent que les disciples sont devenus croyants en se convertissant et que, de ce fait, ils ont reçu le nom de *chrétiens* (cf. Actes 11, 19-26). Dans ce passage de l'Écriture Sainte, il apparaît clairement que personne ne peut croire en Dieu comme il l'entend ou à sa façon, mais que seuls sont bénis de Dieu ceux qui se mettent en marche à la suite du Christ.

Jésus-Christ ne s'est pas révélé d'une manière incertaine et facultative, mais il s'est présenté comme « le chemin, la vérité et la vie » (Jn 14,6). Son Incarnation signifie que Dieu se rend visible à nos yeux de chair et que, de ce fait, Il nous montre un chemin concret qui mène à Lui. Seuls ceux qui empruntent cette « voie nouvelle » – comme on appelait le christianisme à ses débuts – deviennent vraiment chrétiens (cf. Mt 16,24). Ils prennent une décision qui engage concrètement leur vie dans toutes ses dimensions, car « celui qui reçoit mes commandements et les garde, c'est celui-là qui m'aime », dit Jésus (Jn 14,21). Une foi qui s'exempterait d'une telle démarche ou qui y renoncerait serait une foi morte (cf. Jc 2, 17-24). Elle ne serait que l'une des expressions du néo-paganisme ou du Nouvel Age.

La Révélation précède la foi, et c'est par l'adhésion à cette même Révélation, qui est Jésus-Christ, que l'homme devient chrétien. C'est pourquoi la foi en tant que telle, et la profession de la foi ne peuvent être séparées, car Dieu ne s'est pas fait homme en voulant demeurer dans l'anonymat. En effet, nous proclamons que, « pour nous les hommes et pour notre salut, il descendit du ciel ». Cette vérité qui est l'un des éléments essentiels du contenu de la foi, est proclamée solennellement dans la profession de foi (le *Credo*). Elle constitue la norme de la vie de chaque chrétien. Le salut est donc lié à l'acceptation d'une voie dont voici un aperçu dans la Bible : « Autant le ciel est élevé au-dessus de la terre, autant mes chemins sont élevés au-dessus de vos chemins, et mes pensées, au-dessus de vos pensées », dit le prophète Isaïe (Is 55,9). Par conséquent, la confiance en Dieu précède la foi, et elle en constitue aussi le fondement : Dieu sait mieux que nous ce dont nous avons besoin (cf. Mt 6,8). Adhérer aux vérités de la foi signifie s'attacher à Jésus-Christ tel qu'il s'est révélé. C'est de cette façon que se réalise la promesse de prendre part à la vie éternelle (cf. 1 Jn 2,25).

4

Est-ce que la religion que vous choisissez fait une différence ?

À l'heure du dialogue interreligieux et de la coexistence entre les cultures, on a souvent l'impression que toutes les religions se valent et que, par conséquent, elles seraient en quelque sorte identiques. Il est vrai que ce qu'elles ont en commun, c'est qu'elles expriment une quête intérieure de l'homme, si bien qu'on est plutôt enclin à penser que cette particularité est la plus importante, en affirmant que chaque religion refléterait de différentes manières la croyance en un Dieu. La parabole suivante de la religion bouddhiste est souvent citée à l'appui de cette thèse : un jour, un roi du nord de l'Inde invita tous les aveugles à toucher un éléphant. Chacun d'eux toucha une partie différente de l'animal, ce qui eut pour conséquence qu'ils manifestèrent des différences d'opinions quant à l'apparence dudit éléphant, d'où la discussion très animée qui s'ensuivit et qui fut très appréciée par le roi. C'est ainsi que l'on conçoit aujourd'hui la coexistence entre les différentes religions. De plus, à l'inverse des conclusions formulées par les différents aveugles de la parabole bouddhiste, on considère de nos jours que cela ne fait aucune différence que quelqu'un fasse le choix de devenir catholique, protestant, musulman, bouddhiste ou qu'il adhère à une autre religion. La religion à laquelle on adhère n'a-t-elle donc aucune importance? Pour pouvoir répondre à cette question, nous devons d'abord examiner l'origine de la religion chrétienne.

Le chrétien croit en Jésus-Christ en tant que Fils de Dieu. Il a été engendré du Père avant tous les siècles et il s'est fait homme dans le temps de l'histoire, car il est né de la Vierge Marie. Dieu s'est révélé pour montrer aux êtres humains le chemin qu'ils sont appelés à suivre. Celui-ci ne s'achève pas avec la mort, mais il mène à la vie éternelle, que seul Dieu est capable de nous donner. Cette révélation a marqué un tournant décisif dans l'histoire de l'humanité. En effet, désormais, Dieu n'est plus une entité lointaine et abstraite; il s'est révélé avec un visage et un nom, ce qui lui permet d'être connu par l'homme et aussi de l'interpeller[7], c'est-à-dire d'établir une relation

---

7 Cf. Genèse 3, 9 : « Le Seigneur Dieu appela l'homme et

personnelle avec lui. Plus encore, Jésus-Christ se révèle comme étant *la* Vérité (cf. Jn 14, 6). L'acceptation de cette Vérité est le chemin qui mène au salut, et cela s'opère par la foi, Par conséquent, la foi est nécessaire au salut (cf. Mc 16,16), et la foi, elle-même, s'enracine dans l'amour.

Grâce à la Révélation du Fils de Dieu, l'homme n'est plus un aveugle qui marche à tâtons dans l'obscurité, vers l'inconnu, car il sait désormais que « celui qui cherche trouve » (Mt 7,8). Or, si l'homme accepte de chercher, il ne peut trouver que Dieu, qui, justement, s'est révélé pour que chacun puisse le trouver. À partir de ce raisonnement logique, on comprend pourquoi la deuxième épître de saint Jean appelle *Antichrist* celui qui refuse de proclamer que Jésus est le Christ et le Fils de Dieu (cf. 2 Jn 7). En effet, l'incarnation de Jésus-Christ conduit à une division des esprits : soit on accepte de s'engager dans une vie de disciple, avec la certitude de parvenir à la vie éternelle, soit on refuse de le faire (cf. Lc 9, 23-26). Cette conviction devient encore plus claire dans la perspective de la Rédemption : Jésus-Christ est mort sur la croix en tant que Médiateur de la grâce de Dieu. C'est à ce moment précis qu'il ouvre la porte de la vie

---

lui dit : "Où es-tu donc ?" ».

éternelle à tous ceux qui croient en lui. Cette médiation salvifique, dont la spécificité n'est comparable à rien d'autre, autant dans le passé que dans l'avenir de l'humanité, s'applique à tout homme à condition que celui-ci accepte son caractère unique, puisque, comme l'affirme la Sainte Écriture, « sous le ciel, aucun autre nom n'est donné aux hommes, qui puisse nous sauver » (Ac 4,12).

Cela permet de comprendre pourquoi le Seigneur se présente comme *la* Porte : « Moi, je suis la porte. Si quelqu'un entre en passant par moi, il sera sauvé » (Jn 10,9). Cela signifie aussi qu'aucune nouvelle révélation publique n'est à attendre avant la manifestation glorieuse de Notre-Seigneur Jésus-Christ (cf. concile Vatican II, constitution dogmatique sur la Révélation divine *Dei Verbum*, 4). En effet, Dieu s'étant révélé une fois pour toutes en Jésus-Christ, il n'y a pas d'autre voie de salut que par Lui. Ainsi, le dialogue avec les autres religions est toujours possible pour un chrétien, à condition qu'il soit un *Dia-Logos*[8], c'est-à-dire un dialogue basé sur la

---

8 Le substantif français « dialogue » qui vient du grec *dialogos* est formé à partir de deux éléments : *dia* qui signifie « à travers, par » et *logos* qui signifie « la parole ». *Dia* est un adverbe et une préposition qui sert de préfixe au mot « dialogue ». Il est important pour la compréhension du véritable « dia-logue », car il suppose une référence commune (une

Parole de Dieu, ou, en d'autres termes, s'il permet une rencontre avec la Vérité qui s'est révélée dans sa plénitude en Jésus-Christ.

---

parole) qui interpelle chacun des participants, ce qui permet de le distinguer de la discussion ou du débat d'idées. Il ne s'agit donc pas seulement d'un échange de points de vue souvent contradictoires, mais de la recherche commune de la vérité à partir d'une base commune, c'est-à-dire selon l'étymologie du mot dialogue : « une parole qui traverse » et comporte nécessairement raison, discernement, exactitude et sagesse, ainsi qu'une interpénétration des arguments convergents et convaincants, au fur et à mesure que le dialogue se déploie parmi les interlocuteurs.

5

Les chrétiens doivent-ils penser et être comme tout le monde ?

De nos jours, on insiste beaucoup pour que l'Église s'adapte aux structures démocratiques, en présentant même cette nécessité comme une exigence. On parle de codécision et d'égalité, y compris dans le domaine des responsabilités et des fonctions. Il est demandé de faire preuve d'audace en introduisant plus de démocratie, d'utiliser la marge de manœuvre créative inhérente à la constitution de l'Église afin de provoquer « courageusement » un certain nombre de changements. À l'appui de ces revendications, on n'a pas hésité à faire grève, à organiser de nombreux colloques, et même à publier des thèses, sans compter l'organisation de forums et bien d'autres initiatives destinées à alimenter les débats ; dans ce domaine, on peut dire que l'ingéniosité ne manque pas. De plus, ces personnes peuvent compter sur le soutien de la plupart des médias et sur celui du conformisme social, qui consiste à modeler son attitude sur ce que tout le monde pense et fait. Toutefois, une objection surgit aussitôt : les chrétiens doivent-ils penser et être comme tout le monde? Pour pouvoir répondre à cette question, il faut d'abord clarifier en quoi consiste réellement le fait d'être chrétien.

Dans ses sermons de Noël, le Pape saint Léon le Grand († 461) a abordé ce sujet en l'introduisant par cette exhortation : « Chrétien, reconnais ta dignité ! ». Puis, ajoute-t-il, « puisque tu participes à la nature divine, ne retourne pas à ton ancienne misère par une vie décadente ». Ainsi, être chrétien signifie avant tout vivre en « homme nouveau » ayant revêtu le Christ comme un vêtement (cf. Ga 3,27) en étant incorporé dans l'Église. D'où la participation du fidèle baptisé à l'ordre hiérarchique de l'Église, dont « l'Origine ou la Source sainte », qui est Dieu, donne accès à la vie éternelle. Le chrétien entre donc dans la vie de disciple du Christ par la foi et les sacrements.

En parcourant la Bible, nous pouvons constater que les revendications visant à « être comme tout le monde » ne sont pas du tout nouvelles. L'Ancien Testament en fait déjà état, tout en qualifiant ce comportement de « tentation » (cf. Ez 20, 32). Ceux qui ont succombé à cette dernière se sont généralement éloignés de la foi pour tomber notamment dans l'idolâtrie dont témoignent les danses autour du veau d'or (cf. Ex 32, 1-35). Le problème sous-jacent à cette question est l'arrogance de l'homme qui pense qu'il sait mieux que Dieu ce qu'il convient de faire. Or, il convient de rappeler qu'aucun être humain n'est capable de saisir les pensées du Seigneur, non pas parce qu'elles sont incompréhensibles, mais parce qu'elles sont infiniment supérieures aux pensées humaines : « mes pensées ne sont pas vos pensées, et vos chemins ne sont pas mes chemins, – oracle du Seigneur », lit-on dans le livre du prophète Isaïe (Is 55,8). Ainsi, être chrétien signifie avant tout ceci : avoir le *courage* d'écouter la Parole de Dieu, qui, seule, peut établir la communion de l'homme avec Dieu, car cette Parole de Dieu, ou le Verbe, était au commencement (cf. Jn 1, 1). La réponse de l'être humain doit être guidée par cette Parole présente dans l'Écriture Sainte.

Toutefois, la tentation de l'homme, inspirée par le diable, consiste à ne pas désirer ce que Dieu veut, mais à se laisser dominer par les pensées des hommes (Mc 8,33). C'est pourquoi l'apôtre saint Paul a clairement établi ces critères qui sont valables en tout temps : « Si quelqu'un vous annonce un Évangile différent de celui que vous avez reçu, qu'il soit anathème ! » (Ga 1, 8). L'Apôtre est encore plus explicite lorsqu'il ajoute : « Est-ce par des hommes ou par Dieu que je veux me faire approuver ? Est-ce donc à des hommes que je cherche à plaire ? Si j'en étais encore à plaire à des hommes, je ne serais pas serviteur du Christ » (Ga 1,10).

Ce que doit être un chrétien est donc clair. On ne devient pas chrétien en participant à des forums de discussions et à des débats, ou encore en s'engageant pour que l'Église s'adapte aux réalités sociales de notre temps. Au contraire, on devient chrétien en considérant, d'une part, que Jésus-Christ est le seul Sauveur des hommes, et, d'autre part, en adhérant à son enseignement, c'est-à-dire à sa Parole et donc à Jésus lui-même, qui est le Verbe de Dieu fait chair. C'est pourquoi la Lettre aux Romains affirme : « Ne prenez pas pour modèle le monde présent, mais transformez-vous en renouvelant votre façon de penser pour discerner quelle est la volonté de Dieu : ce qui est bon, ce qui est capable de lui plaire, ce qui est parfait » (Rm 12,2).

6

Si tous les hommes sont les enfants de Dieu, pourquoi le baptême est-il nécessaire ?

À notre époque marquée par le pluralisme, où tous ceux qui veulent marquer leurs différences avec ce postulat sont *a priori* suspects, on met souvent l'accent sur l'existence d'une relation filiale de tous les hommes par rapport à Dieu. En effet, on estime que, bien qu'il existe différentes religions et croyances et que beaucoup se définissent comme athées, tous sont les enfants d'un Dieu unique. Cette affirmation est considérée comme le fondement d'une culture de la rencontre permettant le « vivre ensemble » dans la tolérance. Certains complètent cette réflexion en se prévalant d'un argument issu de la conception biblique de l'homme : puisque l'homme est créé à l'image de Dieu, tout homme est un enfant de Dieu. Mais si tout homme est un enfant de Dieu, est-il nécessaire qu'il soit baptisé ? Pour pouvoir répondre à cette question, il faut d'abord expliquer ce qu'est réellement le baptême.

Du fait de l'incarnation de Jésus-Christ, le Fils de Dieu, l'ordre ou, ce que l'on appelle *l'économie du salut*[9] a fondamentalement changé. En effet, Dieu s'est fait homme « pour nous les hommes et pour notre salut », comme l'affirment tous les chrétiens dans la Profession de foi ou *Credo*. Ainsi, nul n'obtient le salut[10] automatiquement, car celui-ci est lié à notre adhésion à Jésus-Christ en tant que Fils de Dieu Sauveur, et il se concrétise dans la vie de chaque être humain par le sacrement du baptême. C'est pourquoi posons-nous maintenant cette question : qu'est-ce que le baptême ?

Déjà dans l'Ancien Testament, divers textes évoquent la promesse de la vie éternelle obtenue par des signes porteurs du salut, en particulier l'eau, dont le symbolisme est mis en évidence dans de nombreux écrits (cf. Gn 1,2; Ex 13-16; 1 P 3,20[11]). Cette promesse s'est accomplie en

---

9 *L'économie du salut* correspond au plan de Dieu pour le Salut des hommes tout au long de l'histoire, c'est-à-dire les moyens nécessaires au salut du genre humain.

10 Le salut est la porte de la vie éternelle.

11 La première épître de saint Pierre évoque le Déluge en ces termes : « Jadis, ceux qui étaient en captivité avaient refusé d'obéir, au temps où se prolongeait la patience de Dieu, quand

Jésus-Christ qui, avant son Ascension, s'est adressé à ses apôtres en leur donnant cet ultime commandement : « Allez ! De toutes les nations faites des disciples : baptisez-les au nom du Père, et du Fils, et du Saint-Esprit, apprenez-leur à observer tout ce que je vous ai commandé » (Mt 28, 19-20). Un tel commandement n'est pas un ajout de dernière minute, que Jésus aurait prononcé en quelque sorte par hasard, puisque le baptême est nécessaire au salut ; en effet, dit le Seigneur, « personne, à moins de naître de l'eau et de l'Esprit, ne peut entrer dans le royaume de Dieu » (Jn 3,5).

Le baptême marque la participation à la vie de Dieu. On peut le comparer à une porte qui s'ouvre, ce qui permet de laisser passer la lumière de la présence divine. La personne baptisée est purifiée de tout péché – à commencer par le péché originel – et elle est marquée d'un sceau, c'est-à-dire d'une empreinte indélébile ; elle devient ainsi un enfant de Dieu. Par conséquent, dès le début, l'Église a considéré le baptême comme une nouvelle naissance (cf. 1 P 1, 3). Par ce sacrement, un enfant né d'un homme et d'une femme devient un enfant de Dieu.

Noé construisit l'arche, dans laquelle un petit nombre, en tout huit personnes, furent sauvées à travers l'eau ».

À ce stade de notre réflexion, il importe d'établir une distinction fondamentale entre l'ordre de la création et l'ordre de la grâce. Tous les êtres humains sont créés à l'image de Dieu (cf. Gn 1, 27). Ainsi, dans l'ordre de la création, tout homme possède une dignité inviolable qui est inscrite en lui depuis sa conception jusqu'à sa mort naturelle. L'ordre de la grâce prend appui sur cette réalité, tout en lui conférant un « plus ». En effet, l'homme n'est pas « seulement » un être créé à l'image de Dieu, mais il devient un « enfant » de Dieu par le baptême. Ce sacrement établit une relation entièrement nouvelle entre Dieu et l'homme. De fait, par le baptême, la personne est transformée par la grâce sanctifiante et incorporée à l'Église. La prière du « Notre Père » est la plus belle expression de cette nouvelle relation entre Dieu et les fidèles baptisés. Saint Basile attribue une signification particulière à la grâce du baptême : il affirme qu'à partir de ce moment le croyant reçoit du Seigneur un ange qui se tient à ses côtés avec la mission de le conduire vers Dieu.

En conclusion, si tous les êtres humains sont des créatures de Dieu, c'est seulement par le baptême qu'une personne devient un enfant de Dieu. Tout au long de sa vie, chaque baptisé est tenu de se conformer à ce grand don par une vie de foi fidèle et fervente.

7

La religion, oui, l'Église, non ?

À la fin des années 1960, on entendait souvent cette réflexion, qui, depuis cette époque, est devenue une maxime dans certains milieux : « La religion oui, l'Église non ». Elle exprime l'idée suivante : les gens ont besoin de se référer à une croyance, mais sans dogme. Dans cette perspective, une institution qui imposerait des normes autant dogmatiques que morales est rejetée catégoriquement. Cela signifie aussi que l'Église est synonyme de manipulation des consciences et de manque de liberté. Un certain nombre de théologiens ont adopté une telle attitude, car ils s'opposent ouvertement à l'autorité de l'Église et à son enseignement authentique en les remplaçant par leurs propres positions, souhaits et exigences.

La divulgation de scandales et d'abus a encore renforcé cette tendance, et il n'est pas rare qu'elle soit considérée par ceux qui contestent l'autorité et l'enseignement de l'Église comme une confirmation de la justesse de leurs positions. Il est vrai que le nombre élevé de personnes qui quittent l'Église montre clairement que celle-ci ne parvient plus à expliquer à nos contemporains ce qu'elle est profondément [12]. On en vient à se poser la question suivante : la religion et donc la foi peuvent-elles exister sans l'Église ? Avant de formuler une réponse, il est nécessaire, au préalable, d'expliquer clairement ce qu'est l'Église.

Certes, l'Église est une institution, mais elle n'est pas que cela, et c'est pourquoi elle ne peut pas être équiparée à un parti ou à une ONG (organisation non gouvernementale). On trouve une définition précise de l'Église dans la constitution dogmatique sur l'Église *Lumen Gentium* du Concile Vatican II, qui affirme : « L'Église est, dans le Christ, en quelque sorte le sacrement,

---

12 L'auteur de nationalité allemande fait allusion aux nombreux départs des catholiques dans son pays : en 2020, environ 221 000 catholiques ont quitté l'Église qui compte 22,2 millions de fidèles, soit 26,7 % de la population allemande. Rappelons que les citoyens vivant en Allemagne doivent se déclarer membres d'une religion, ou « non religieux ». Dans le premier cas, ils payent un impôt variant selon les régions de 8 à 10 % de l'impôt sur le revenu. S'ils changent ensuite d'avis ils doivent entamer une procédure pour « sortir de l'Église ». Les personnes quittant l'Église catholique n'ont plus la possibilité notamment d'avoir des funérailles religieuses ou d'accéder à certaines écoles catholiques.

c'est-à-dire à la fois le signe et l'instrument de l'union intime avec Dieu et de l'unité de tout le genre humain » (*Lumen Gentium*, n. 1). Cette définition met en évidence les deux dimensions inséparables, divine et humaine, de l'Église, ce qui nécessite une explication.

L'Église est une réalité à la fois divine et humaine : cette double dimension constitue son être. La Tête de ce Corps qu'est l'Église est Jésus-Christ et les baptisés en sont les membres, si bien qu'on peut dire que l'Église est à l'image du Dieu invisible (cf. Col 1, 15-18). Enfin, tous les membres de l'Église sont appelés à se conformer au Christ ou, comme le dit saint Paul à former le Christ en eux (cf. Gal 4,19). Là où la sainteté et la piété sont présentes, là est le cœur de l'Église. Par conséquent, le centre véritable et réel de l'Église est le Dieu Trinité, entouré des anges et des saints.

L'Église a aussi une dimension humaine. Celle-ci se révèle de la manière la plus remarquable dans le témoignage de la vie des saints. Cependant, le péché altère non seulement l'union de chacun avec Dieu, mais aussi l'harmonie entre les membres de l'Église. Il a pour effet d'introduire une opposition avec la mission propre de l'Église qui est d'être « le signe et l'instrument de l'union intime avec Dieu et de l'unité de tout le genre humain ».

Aujourd'hui, il semble que presque tout ce qui concerne l'Église se limite à sa dimension humaine. Ainsi, on ne manque pas de mettre particulièrement en évidence les péchés et les erreurs de certains de ses membres. Et il n'est pas rare que cela serve de prétexte pour lancer des débats sur la nécessité de changements dans les structures et la doctrine de l'Église, et que ces revendications se caractérisent par leur radicalité pour obtenir des modifications fondamentales. D'où la tendance à accorder une importance excessive à la capacité de l'être humain de résoudre seul tous les problèmes, alors que ses facultés sont nécessairement marquées par des lacunes et des limites. Réduire la réalité de l'Église à sa dimension humaine nuit à la perception d'une vue d'ensemble des problèmes ecclésiaux de notre temps, ce qui a pour effet qu'on n'est plus capable d'appréhender l'Église dans sa totalité. Et il n'est pas rare qu'on considère finalement qu'elle est devenue superflue.

À l'heure actuelle, il est donc nécessaire et urgent de se réapproprier la dimension sacramentelle de l'Église qui, seule, nous permet de la connaître telle qu'elle est dans son ensemble. Puisque l'Église a été voulue et fondée par Dieu, elle a pour mission d'être l'instrument du salut pour les hommes en vue de leur sanctification; par elle, Dieu se rend présent dans le monde. Par conséquent, la revendication consistant à souhaiter une Église plus humaine est sans valeur, car une telle Église serait nécessairement trop superficielle et limitée. Au contraire, il faut que Dieu soit constamment au centre de l'enseignement et de la proclamation de la foi de l'Église. C'est à cette seule condition qu'on peut comprendre pleinement sa raison d'être. En outre, il est certain que l'Église gagnerait en crédibilité. En conclusion, il est clair que, sans l'Église, il n'y a ni foi, ni religion qui tiennent.

8

L'Église catholique possède-t-elle la vérité ?

Aujourd'hui, la vérité est souvent perçue comme un danger et une limite. En effet, selon une opinion qui est devenue commune, beaucoup pensent que si telle proposition est vraie, elle exclut toutes les autres, avec pour conséquence de générer des tensions, voire des conflits. Ainsi, dans le contexte de notre société multiculturelle, il n'est pas rare que la vérité soit perçue comme une menace. Cela est particulièrement vrai en ce qui concerne une institution comme l'Église catholique, qui a la prétention de proclamer la vérité. Ses contradicteurs ne manquent pas de mettre en évidence ce qu'ils considèrent comme des erreurs et des discordances dans son enseignement et dans son histoire, ce qui leur permet de conclure qu'une telle affirmation selon laquelle l'Église catholique possède la vérité n'est plus tenable de nos jours. L'Église catholique, affirment-ils, ferait bien d'être plus humble et, par conséquent, elle devrait renoncer à sa prétention de proclamer la vérité. Face à cette objection, il est important de se poser la question suivante : l'Église possède-t-elle la vérité ?

Pour pouvoir répondre à cette question, il faut d'abord élucider certains points fondamentaux. Tout d'abord, il n'est pas rare que le fait de renoncer à proclamer la vérité soit faussement interprété comme une marque d'humilité. Or, c'est précisément le contraire qui est exact. En effet, ceux qui renoncent à la vérité font de leurs propres idées et revendications la « vérité ». Par conséquent, la prétention de l'Église à proclamer la vérité ne nous protège pas seulement contre l'arbitraire d'un individu, mais aussi et surtout elle nous garantit que ce qu'elle affirme correspond à l'enseignement de Celui qui en constitue la source. Voici comment le Cardinal Joseph Ratzinger a clairement exprimé ce principe : « Retirer à la foi la prétention à la vérité, à la vérité énoncée et intelligible, est cette fausse modestie qui est le contraire de l'humilité, la non-acceptation de la condition humaine, mais le renoncement à la dignité de l'être humain qui rend ses souffrances supportables et grandes »[13].

---

13 Joseph Ratzinger, *Wesen und Auftrag der Theologie* [La nature et la mission de la théologie], Fribourg 1993, 81. Ouvrage non traduit en français.

En réalité, la vérité libère l'homme (cf. Jn 8,32) parce que, grâce à elle, sa vie n'est plus vouée à l'incertitude ; elle reçoit une direction et une orientation bien précises. Cette affirmation concernant le lien intrinsèque entre la vérité et la liberté est révélée en Jésus-Christ. En effet, celui-ci s'est identifié à *la* vérité (Jn 14,6), affirmant aussi qu'il est venu rendre témoignage à la vérité et que quiconque est de la vérité écoute sa voix (cf. Jn 18,37). Le témoignage de la vérité par excellence est l'amour, qui donne la vie (cf. Jn 15, 13) et correspond à la nature de Dieu (cf. 1 Jn 4, 8), de sorte que les sacrements, qui ont leur source dans la Rédemption, constituent le témoignage le plus éminent de la vérité de Dieu. Ainsi, la vérité de Dieu est pleinement révélée en Jésus-Christ.

Cette vérité du Christ est confiée à l'Église. Elle a pour tâche d'en témoigner, « à temps et à contretemps » (2 Tm 4, 2). Elle est donc la dépositaire des « dons multiples de la grâce de Dieu » (1 P 4, 10). C'est ce que le concile Vatican II a exprimé clairement dans la constitution dogmatique sur l'Église *Lumen Gentium* en affirmant que l'évêque porte « la responsabilité de dispenser la grâce du suprême sacerdoce » (26). Le Pape, le Magistère et l'Église ont pour mission de servir la vérité révélée en Jésus-Christ (cf. concile Vatican II, *Dei Verbum*, 10). L'Église est à la fois le porte-parole et le témoin de cette vérité qu'elle reçoit et que, par conséquent, elle ne peut ni inventer, ni modifier.

Telle est la réponse à la question que nous avons posée au début de ce paragraphe : l'Église ne possède pas la vérité, car celui qui est propriétaire d'un bien peut en disposer librement. En revanche, l'Église est « le pilier et le soutien de la vérité » (1 Tm 3,15). Cette vérité ne lui appartient pas, mais elle lui est confiée; elle est en est donc le gérant (cf. Lc 16, 1-18), et le Seigneur lui demandera des comptes de sa gestion. Par conséquent, l'Église est tenue de garder les commandements de Dieu et de maintenir intact le témoignage de Jésus (cf. Ap 12,17). Pour mener à bien sa mission, elle doit se rendre constamment disponible pour se mettre à l'écoute de la vérité, qui s'est révélée en Jésus-Christ, ce qui lui permet de la proclamer humblement, manifestant ainsi ce qu'elle est par nature : la coopératrice de la vérité (cf. 3 Jn 1,8)[14].

---

14 Notons que le cardinal Joseph Ratzinger, qui fut élu Pape le 24 avril 2005 et prit le nom de Benoît XVI, a choisi comme devise « coopérateurs de la vérité » (*cooperatores veritatis*) en référence à cette parole de la troisième épître de saint Jean : « Nous devons donc apporter notre soutien à de tels hommes pour être des coopérateurs de la vérité » (8).

9

L'Église peut-elle prescrire des normes morales ?

L'homme de notre temps aime invoquer les prétendus acquis des Lumières[15] à l'appui de la jouissance sans entraves de ses libertés individuelles ; il est donc plus que réticent à se laisser dicter sa conduite. C'est pourquoi, dans le contexte de la crise sanitaire due au coronavirus qui a commencé en 2019, il est très étonnant de constater à quel point les décisions prises par les autorités étatiques ayant pour objectif de restreindre les droits civils les plus fondamentaux, ont bouleversé radicalement cet état d'esprit.

---

15 Les Lumières sont un mouvement philosophique, littéraire et culturel que connut l'Europe du XVIII siècle (de 1715 à 1789) et qui se proposait de promouvoir le rationalisme, l'individualisme et le libéralisme, contre ce qu'il appelait « l'obscurantisme » et la « superstition » de l'Église catholique.

Cependant, en ce qui concerne l'Église, on a noté la tendance contraire, qui a été promue et encouragée par de nombreux théologiens. Dès les années 1970, certains d'entre eux avaient tenté d'établir une « morale autonome » : disons brièvement qu'il s'agissait d'une morale affranchie de toutes les normes faisant autorité. La nouvelle source de la connaissance était alors la raison qui permet à chacun de se faire une idée du « bien » et du « mal ». Une telle conception fait encore l'objet d'un consensus assez large. Ainsi, il n'est pas rare que ceux qui, par exemple, ignorent les principes fondamentaux de la morale catholique, se sentent autorisés à donner leur avis dans ce domaine si délicat et à décider par eux-mêmes de ce qui est bien ou mal. Cela aboutit fréquemment à cette affirmation qui peut paraître simpliste : puisque Dieu est amour (cf. 1 Jn 4, 8), on peut faire ce que l'on veut. Dans ce contexte, la question que l'on est en droit de se poser est celle-ci : l'Église est-elle autorisée à prescrire un code moral, et celui-ci est-il compatible avec la liberté et l'amour ?

Pour pouvoir répondre à cette question, il faut d'abord clarifier certains points essentiels. En premier lieu, il convient de rappeler que l'amour ne doit pas être confondu avec l'arbitraire ou un simple sentiment. Selon la conception chrétienne de l'amour, celui-ci est caractérisé par le don de soi : « Il n'y a pas de plus grand amour que de donner sa vie pour ceux qu'on aime », dit Jésus (Jn 15,13). Le don de soi requiert une finalité, car on a besoin de savoir dans quel but ou pour qui on accepte de donner sa vie. L'Incarnation de Dieu en Jésus-Christ nous indique le chemin à suivre : elle nous enseigne qu'il s'agit de témoigner de la vérité en étant guidé par l'amour (cf. Ep 4, 15). De plus, selon la conception chrétienne de l'amour, celui-ci ne devient authentique que s'il est animé de l'intérieur par ce véritable ferment dont parle l'Évangile, l'obéissance aux commandements : « Si vous m'aimez, vous garderez mes commandements » (Jn 14,15). C'est pourquoi, conformément à ce principe, saint Augustin a pu dire en toute vérité : « Aime et fais ce que tu veux ».

En revanche, voici le principe contraire du satanisme que Aleister Crowley[16] a propagé pour susciter la confusion dans les esprits en utilisant une expression parallèle à celle de saint Augustin quant à la forme, mais complètement diffé-

16 Edward Alexander Crowley (1875-1947) est un Anglais également connu sous les pseudonymes de Maître Therion, Frater Perdurabo, The Great Beast 666 ou « L'homme le plus malsain du monde ». Membre influent de plusieurs organisations occultes, il était un écrivain, poète, franc-maçon, astrologue et un adepte du tarot. Il est connu pour ses écrits sur l'occultisme, dont le *Livre de la Loi*.

rente sur le fond : « Fais ce que tu veux sera le tout de la Loi ! ». Cet adage est totalement opposé au christianisme. En effet, affirmer son indépendance par rapport à Dieu et à sa vérité, qui se manifeste dans la Loi de Dieu que sont les dix Commandements, correspond à la tentation fondamentale de l'homme de vouloir être comme Dieu (cf. Gn 3,5). Ce danger est toujours présent, car, si l'on n'y prend pas garde, nos propres opinions risquent toujours facilement de devenir de fausses certitudes qui s'opposent à la sainte Volonté de Dieu. Le prophète Isaïe a décrit cette situation de l'homme égaré et loin de Dieu en affirmant que nous sommes tous errants comme des brebis sans berger, chacun suivant son propre chemin (cf. Is 53,6).

Pour éviter cela, le Seigneur Jésus a établi l'Église comme « le pilier et le soutien de la vérité » (1 Tm 3,15). Elle a pour mission d'enseigner à tous les hommes à observer tout ce que Jésus lui-même leur a commandé (cf. Mt 28,20). Cette lourde charge est soulignée par l'apôtre saint Paul dans cette exhortation adressée à son disciple Timothée : « Proclame la Parole, interviens à temps et à contretemps, dénonce le mal, fais des reproches, encourage, toujours avec patience et souci d'instruire ! » (2 Tm 4, 2).

On peut remarquer que, au cours des dernières décennies, peu a été fait pour témoigner de l'effet libérateur de la vérité (cf. Jn 8, 32) et le diffuser avec conviction, en particulier dans le domaine de l'enseignement moral de l'Église. La vérité n'est pas un fardeau, mais un soutien, car elle offre à l'amour son orientation intérieure. En effet, celui qui s'éloigne de la vérité – qui est le Christ – s'égare, et son amour se refroidit. C'est pourquoi le Magistère, avec une fidélité inébranlable à la vérité révélée, a la mission et le devoir de montrer la voie que chacun doit suivre dans l'enseignement de la foi et de la morale. Ce service de la vérité donne à l'amour la direction qui lui permet de se développer pleinement ; en même temps, il protège l'homme de la tentation de vouloir être comme Dieu. Le Pape saint Jean-Paul II a rappelé ce point essentiel en affirmant que le Magistère, dans la fidélité à Jésus-Christ et dans la continuité de la Tradition de l'Église, considère qu'il est de son devoir « d'aider l'homme sur le chemin vers la vérité et vers la liberté »[17].

---

17 Jean-Paul II, encyclique *Veritatis Splendor* du 6 août 1993, 27.

10

Le Pape est-il infaillible ?

Au premier concile du Vatican (1869-1870), l'infaillibilité pontificale a été solennellement proclamée dans la constitution dogmatique *Pastor Aeternus*. En réaction à ce document, ceux qu'on a appelés les vieux-catholiques se sont séparés de l'Église ; ils rejetaient cette définition en affirmant qu'elle est « incompatible avec l'Évangile ». Depuis lors, l'infaillibilité du Pape a été remise en question à plusieurs reprises. Au début des années 1970, le théologien suisse Hans Küng (1928-2021) a attiré l'attention des médias en publiant un livre intitulé : *Infaillible ? Une interpellation*, ce qui lui a permis de propager ses idées auprès d'un large public. Par la suite, les discussions sur ce sujet ne se sont pas calmées. Posons-nous cette question : le Pape est-il vraiment infaillible ? Ou pour le dire d'une manière plus précise : le Pape est-il aussi infaillible lorsqu'il s'exprime sur des questions telles que les migrations, l'écologie ou la nécessité des vaccins contre la pandémie ?

Le Nouveau Testament nous montre clairement que Jésus-Christ a voulu fonder une Église visible comportant une hiérarchie au sein de laquelle l'apôtre saint Pierre exerce une fonction particulière (cf. Mt 16,18). Jésus a promis l'assistance de l'Esprit Saint à cette Église pour la guider dans la vérité tout entière (cf. Jn 16, 13). Cette promesse inclut aussi l'assurance que l'Église ne se détournera jamais de l'intégralité de cette vérité (cf. 1 Tm 3, 15). En outre, Pierre a reçu le pouvoir de lier et de délier (cf. Mt 16,19), c'est-à-dire le pouvoir de préciser définitivement le contenu de la foi lorsque cela s'avère nécessaire et possible. Après sa conversion qui suivit son triple reniement du Jeudi Saint[18], Pierre a reçu solennellement de Jésus ressuscité la charge d'affermir ses frères dans la foi (cf. Lc 22,32). La Bible montre bien que cette mission, qui est la plus importante, a été confiée au ministère de Pierre. Par conséquent, elle inclut le pouvoir d'interpréter la foi avec autorité.

L'infaillibilité correspond à cette autorité d'enseignement suprême du Souverain Pontife,

18 Rappelons que se convertir signifie toujours se tourner vers Dieu et obéir à ses commandements.

le Successeur de Pierre ; elle fait de lui le garant de l'unité, qui est toujours l'unité dans la foi. Le Concile Vatican I a exprimé cette vérité en 1870. Toutefois, il convient d'avoir une image réaliste du Pape, qui laisse également place aux faiblesses et aux erreurs humaines. Par conséquent, des limitations et des restrictions claires ont été apportées à l'infaillibilité pontificale : celle-ci n'est accordée au Pape que lorsqu'il parle *ex cathedra*, c'est-à-dire lorsqu'il prend une décision dans l'exercice de sa charge pastorale et en vertu de son autorité suprême sur le plan doctrinal dans les domaines de la foi et de la morale.

Cette autorité d'enseignement a été réaffirmée par le Concile Vatican II (1962-1965), qui a précisé que le Magistère n'est pas au-dessus de la Parole de Dieu, mais qu'il est « à son service, n'enseignant que ce qui a été transmis, puisque par mandat de Dieu, avec l'assistance de l'Esprit Saint, il écoute cette Parole avec amour, la garde saintement et l'expose aussi avec fidélité, et puise en cet unique dépôt de la foi tout ce qu'il propose à croire comme étant révélé par Dieu » (concile Vatican II, *Dei Verbum*, 10).

Une proclamation infaillible de la doctrine par le Pape présuppose donc : 1) que celle-ci concerne la doctrine en matière de foi ou de morale ; 2) que cette doctrine ne contredise en rien la Sainte Écriture et la Tradition ; 3) qu'elle soit proclamée solennellement (*ex cathedra*) en vertu de l'autorité suprême du Souverain Pontife.

En conclusion, d'une part, ce serait une énorme erreur de qualifier d'« infaillible » toute déclaration du Pape, par exemple sur les questions des migrations, de l'écologie ou de la protection sanitaire procurée par un vaccin dans le cadre d'une pandémie, ou encore de considérer comme « infaillible » une remarque fortuite ou une déclaration spontanée du Pape dans le cadre d'un entretien personnel ou dans les médias. Un tel point de vue serait totalement contraire à ce qu'est par nature l'infaillibilité pontificale. D'autre part, si le détenteur de cette charge refusait de l'assumer pleinement, c'est-à-dire s'il négligeait volontairement de mettre en œuvre l'autorité accordée par Dieu à l'autorité suprême de l'Église, ce serait de sa part de la fausse humilité. La situation actuelle montre que, partout où l'on peut déplorer ces erreurs et ces abus, les points de vue personnels prennent rapidement la place du Magistère authentique, et il arrive souvent que de simples opinions soient considérées comme « infaillibles ». L'une des tragédies de notre époque est que ceux qui rejettent vigoureusement l'infaillibilité de l'Église la revendiquent pour eux-mêmes et leurs propres idées.

11

Pourquoi l'Église fait-elle une fixation sur les sacrements ?

Les théologiens protestants, mais aussi certains théologiens catholiques, mettent parfois en garde contre cette tendance des catholiques : ils fixeraient trop leur attention sur les sacrements, ce qui aurait pour effet de promouvoir un « individualisme du salut ». D'après eux, l'individu se préoccuperait uniquement de son propre salut au détriment d'un élément essentiel de son identité : son appartenance à la communauté beaucoup plus large de l'Église. Ils estiment qu'une telle vision doit être dépassée, car elle est un vestige d'une ecclésiologie étroite et surannée. Rappelons que l'ecclésiologie est un domaine de la théologie qui traite de la nature de l'Église. La question se pose donc de savoir si l'importance des sacrements dans l'Église est un vestige de la piété médiévale qu'il convient de dépasser. En d'autres termes, existe-t-il des raisons qui justifient l'attachement de l'Église catholique aux sacrements, et donc leur caractère primordial et central ?

Pour être en mesure de répondre à cette question si importante, il est d'abord nécessaire de préciser ce qu'est un sacrement. Le mot français *sacrement* est dérivé du latin *sacramentum,* et il est une traduction du mot grec *mystèrion.* Il signifie : « moyen de salut » : par le sacrement, la grâce de Dieu est transmise à celui qui le reçoit. Ainsi, les sacrements ne sont pas simplement des symboles qui permettent notamment de faire mémoire d'un épisode de la vie de Jésus, mais ils sont les signes visibles et efficaces de cette réalité invisible qu'est la grâce de Dieu. Par conséquent, dans chaque sacrement, une aide surnaturelle intérieure est communiquée par un signe extérieur.

Les sacrements sont les signes concrets de la Nouvelle Alliance : par eux, Dieu vient à la rencontre de l'homme et l'homme rencontre Dieu. Les sept sacrements ont été institués par Jésus-Christ, et c'est donc lui-même qui agit en eux. Cela est si vrai que les sacrements du baptême, de la confirmation et de l'ordre impriment une marque indélébile dans la personne qui les reçoit et ne peuvent donc être validement reçus qu'une seule fois.

Tous les sacrements agissent *ex opere operato*, c'est-à-dire par le fait même que l'action est accomplie, et celle-ci est accomplie par le Christ lui-même. Ainsi, lorsqu'ils sont administrés conformément à leur institution par le Christ, les sacrements communiquent la grâce de Dieu qui leur est inhérente, même si le ministre du sacrement vit dans un état de péché grave.

Tous les sacrements sont des sacrements de la foi, c'est-à-dire qu'on ne peut les comprendre qu'en ayant la foi ; en effet, celle-ci donne accès aux réalités invisibles que les sacrements signifient. Dans les sacrements, c'est Jésus-Christ lui-même qui agit tandis que les ministres des sacrements ne sont que des instruments. Ils sont comparables à un outil de travail qui serait tenu et donc mû par le Seigneur Jésus qui agit. La mission de rendre ce trésor (cf. Mt 13, 44) accessible à tous les hommes a été confiée à l'Église faisant d'elle « le signe et le moyen de l'union intime avec Dieu et de l'unité de tout le genre humain » (cf. concile Vatican II, *Lumen Gentium*, 1).

Cela explique pourquoi les sacrements sont aussi appelés les « moyens du salut ». Par eux, le Corps du Christ (l'Église) est édifié et les personnes sont sanctifiées, car la grâce les met en relation avec Dieu. Une telle compréhension des sacrements n'a rien à voir avec un « individualisme du salut », car le chrétien sait que les sacrements sont des dons de la grâce transmis par l'Église.

Ainsi, contrairement à ce qu'affirment les théologiens protestants et certains théologiens catholiques, la réception de chaque sacrement individuellement présuppose et renforce la communion des fidèles avec l'Église, car personne ne peut s'administrer un sacrement à soi-même. Lorsque la signification et la pratique des sacrements diminuent dans la vie des fidèles, il ne s'agit nullement d'un progrès, mais au contraire le signe tangible de l'effacement et même de la disparition de la présence de Dieu, et celle-ci est la raison d'être de l'Église. On peut donc en conclure que ce n'est que dans la mesure où l'Église fait une « fixation » sur les sacrements qu'elle peut accomplir sa propre mission de faire de tous les peuples les disciples de Jésus-Christ, le Rédempteur (cf. Mt 28,19).

12

Quelle est la différence entre les prêtres et les laïcs ?

Depuis quelques décennies, la demande relative au sacerdoce des femmes revient en boucle. Au fil des ans, elle a permis de mieux prendre conscience de certaines questions de fond posées par cette revendication. Certains pensent que les fonctions accomplies par un prêtre pourraient également être confiées à un laïc – homme ou femme – qui les exerceraient sans doute beaucoup mieux que les clercs. Il faut savoir que dans la doctrine du protestant allemand Martin Luther (1483-1546), le sacerdoce commun de tous les fidèles, fondé sur le baptême, est opposé au sacerdoce ordonné. Cette tendance est actuellement renforcée par ce que l'on appelle « l'idéologie du genre »[19], qui consiste en un refus radical de la

---

19 L'idéologie du genre remplace le mot *sexe* (qui désigne une détermination objective et naturelle du corps humain)

différence naturelle entre l'homme et la femme. C'est pourquoi il n'est pas rare qu'un certain nombre de personnes actives dans l'Église, s'inspirant de cette idéologie, en viennent à déclarer que, puisque tout baptisé représente le Christ, il peut agir *in persona Christi*. Toutefois, si n'importe quel baptisé peut exercer les fonctions du prêtre, on peut légitimement poser cette question : existe-t-il encore une différence entre les prêtres et les laïcs ?

Pour être en mesure de répondre correctement à cette question, il faut d'abord comprendre ce qu'est le prêtre. Le sacerdoce a sa source en Jésus-Christ. Le Seigneur Jésus est venu dans notre monde « comme grand prêtre des biens à venir » (He 9,11), c'est-à-dire pour nous donner le salut. En recevant les ordres sacrés, le prêtre est marqué d'un sceau qui, par nature, est indélébile : il devient conforme au Christ, et il est habilité à agir *in persona Christi* (au nom et en la personne du Christ). Le prêtre « représente » Jésus-Christ au sens fort de ce mot qui signifie : il le rend présent.

---

par celui de *genre*, où masculin et féminin deviennent des constructions socioculturelles arbitraires qu'il est possible de défaire. Ainsi, derrière le concept de gendre se cache une idéologie qui nie la différence sexuelle et la complémentarité naturelle entre l'homme et la femme. Cf. Pape François, exhortation apostolique *Amoris laetitia* du 19 mars 2016, 56.

De fait, cette « représentation » ne doit en aucun cas être comprise comme une simple procuration, à l'image d'un ambassadeur qui représente son chef de gouvernement, mais il s'agit d'une représentation réelle : Jésus-Christ est sacramentellement présent dans le prêtre.

Le prêtre est donc habilité à agir « au nom et en la personne de Jésus-Christ », c'est-à-dire que le Christ agit en lui et par lui. Cela est particulièrement clair dans les sacrements. Par exemple, lorsqu'il absout un pénitent dans la confession, le prêtre dit : « Et moi, au nom du Père et du Fils et du Saint-Esprit, je vous pardonne tous vos péchés ». Il est vrai que seul Dieu est capable de pardonner les péchés (cf. Lc 5,21-25), et il serait plus que présomptueux pour un être humain de s'en attribuer la responsabilité. Dans le sacrement de pénitence, Dieu veut agir par l'intermédiaire du prêtre. Il en est de même dans la Très Sainte Eucharistie lorsque le prêtre prononce les paroles de la consécration : « *Hoc est corpus meum* » (« Ceci est mon corps ») et « *Hic est sanguis meus* » (« Ceci est mon sang »).

Il est évident que l'aptitude à représenter réellement le Christ ne provient ni d'une autorité humaine, ni en vertu de quelques qualités personnelles du prêtre. Elle dépend uniquement de la volonté de Dieu qui communique lui-même l'autorité permettant au prêtre d'agir en son nom et place. C'est pourquoi le concile Vatican II a affirmé clairement que, entre le sacerdoce commun des fidèles et le sacerdoce ordonné, c'est-à-dire ministériel et hiérarchique, il y a une différence essentielle et non seulement de degré (cf. concile Vatican II, *Lumen Gentium*, 10). Cette vérité ne peut être comprise et vécue qu'à cette condition : l'harmonie entre la foi et le sacrement : dans le prêtre (signe extérieur), le Christ agit (réalité surnaturelle). À partir d'une telle compréhension, il est clair que le sacerdoce n'est pas une question de pouvoir, mais qu'il est un service consistant à rendre présent le Christ Seigneur et son action rédemptrice.

Puisque Jésus-Christ s'est fait homme (*homo*) et qu'il est un être masculin (*vir*), l'ordination sacerdotale est réservée aux seuls hommes (*viri*) : ils reçoivent la charge, confiée par le Christ à ses Apôtres, d'enseigner, de sanctifier et de gouverner les fidèles, a affirmé de manière infaillible le Pape saint Jean-Paul II dans sa Lettre Apostolique *Ordinatio sacerdotalis* du 22 mai 1994, sur l'ordination sacerdotale exclusivement réservée aux hommes. Le sacerdoce est avant tout un sacrement ; il est donc indissociablement lié au don ineffable que Jésus-Christ a scellé dans son sang. Toutefois, même si le prêtre diffère essentiellement du fidèle laïc, il reste un homme faible et pécheur. Comme l'a dit le Pape Benoît XVI : « Dieu se sert d'un pauvre homme pour être, à travers lui, présent pour les hommes et agir en leur faveur. Cette audace de Dieu qui se confie à des êtres humains et qui, tout en connaissant nos faiblesses, considère les hommes capables d'agir et d'être présents à sa place – cette audace de Dieu est la réalité vraiment grande qui se cache dans le mot « sacerdoce » » (Homélie du 11 juin 2010).

13

La confession est-elle obsolète ?

Le sacrement de pénitence est en crise depuis longtemps. Chez certains, la confiance dans les prêtres a diminué, notamment en raison des scandales. En effet, ils pensent qu'il n'est pas possible de confesser ses péchés à une personne qui peut elle-même être « ignoble ». D'autres se sont écartés du sacrement de pénitence car il leur est arrivé d'entendre au confessionnal des réflexions qui ne correspondaient pas à l'enseignement de l'Église, ce qui les a désorientés et troublés. D'autres encore se disent : « Après tout, je n'ai tué personne », et ils se croient dispensés de la confession. Parmi les prêtres et leurs collaborateurs laïcs, il n'est pas rare de trouver l'opinion selon laquelle la célébration communautaire du sacrement de pénitence, éventuellement même avec l'absolution générale (ce qui dans ce dernier cas est très grave)[20], devrait remplacer systématiquement la confession individuelle parce qu'elle convient mieux à la mentalité de notre époque[21].

---

20 Il faut nettement distinguer la cérémonie pénitentielle avec absolutions individuelles et la cérémonie pénitentielle avec absolution générale ou collective. L'absolution générale (dite collective) ne peut pas être administrée sauf : - si un danger de mort menace et que le temps n'est pas suffisant pour que le ou les prêtres puissent entendre la confession de chacun des pénitents ; – s'il y a une « grave nécessité ». Celle-ci n'est pas considérée comme suffisante lorsque des confesseurs ne peuvent pas être disponibles pour le seul motif du grand afflux de pénitents, tel qu'il peut se produire pour une grande fête ou un grand pèlerinage. De plus, restent exclus de ce type d'absolution les péchés dits mortels qui demandent une absolution individuelle. Enfin, celui qui a reçu l'absolution collective doit toujours impérativement se présenter « dès que possible, au plus tard avant un an » devant un prêtre, pour lui confesser individuellement ses péchés graves ou mortels. Les cas qui justifieraient le recours à l'absolution collective sont donc très rares.

21 L'auteur ne remet pas en cause la pratique des cérémonies pénitentielles avec absolutions individuelles, notamment avant les grandes fêtes liturgiques, apparues dans le nouveau rituel publié en 1973 à la suite du concile Vatican II. Il désire rappeler la valeur de la confession individuelle prêtre-pénitent que les cérémonies pénitentielles ne sauraient rendre obsolète. En effet, on note une augmentation des demandes d'accompagnement spirituel, la fréquentation des églises où des confesseurs sont toujours disponibles, le besoin de rencontres personnelles au cœur même des pèlerinages et des grands rassemblements de jeunes : tout cela montre que cette forme, plus intérieure et individuelle, est très loin d'être périmée.

La question se pose donc de savoir si la confession n'est pas dépassée, et depuis longtemps, et si elle n'est pas un vestige de la piété médiévale.

Pour répondre à cette question, il faut d'abord rappeler ce qu'est le sacrement de pénitence ainsi que ses effets. Il est l'un des sept sacrements; c'est pourquoi il a été institué par Jésus-Christ qui a confié à l'Église le soin de le mettre en pratique : « A qui vous remettrez ses péchés, ils seront remis; à qui vous maintiendrez ses péchés, ils seront maintenus » (Jn 20,23). Le pardon des péchés ne peut jamais être l'œuvre de l'homme (cf. Mc 2,6-10), mais celle que Dieu réalise par son autorité et la puissance de l'Esprit Saint. C'est précisément pour cette raison qu'on ne se confesse pas d'une manière impersonnelle et générale, mais par la médiation que Dieu a voulue par et en Jésus-Christ. Jésus est présent dans le sacrement, il parle par la bouche du prêtre : « Et moi… je vous pardonne tous vos péchés ».

Le Christ agit lorsque le prêtre, aussi indigne et pécheur qu'il soit, administre le sacrement en faisant ce que l'Église lui a demandé de faire; cela concerne avant tout la formule d'absolution et la pénitence qu'il impose au pénitent. Pour obtenir validement le pardon des péchés, il faut observer ces cinq conditions :

1 – faire son examen de conscience.
2 – avoir le regret de ses péchés (la contrition).
3 – les confesser.
4 – les expier (faire pénitence).
5 – s'amender avec la ferme résolution de ne plus recommencer.

La confession est une rencontre personnelle avec Jésus-Christ dans le sacrement. Elle est précédée d'un examen de conscience sur ses propres fautes accompagné d'une contrition sincère, puis elle consiste en une confession complète de tous les péchés commis librement, consciemment et volontairement ; enfin, elle est suivie d'une pénitence ayant pour objet la réparation des péchés pardonnés avec la ferme résolution d'amender sa vie.

Grâce à la confession, les péchés mortels (également appelés péchés graves), qui détruisent l'amour de Dieu dans l'âme du baptisé, sont pardonnés. Ces péchés constituent une grave violation de la Loi de Dieu ; c'est pourquoi, ils requièrent la pleine conscience et le libre consentement. Tout catholique est donc tenu d'examiner soigneusement sa conscience (cf. 1 Co 11, 27-32), non seulement avant de recevoir la communion eucharistique, mais aussi chaque jour, pour demander à Dieu le pardon de ses péchés. Il s'agit d'une obligation très grave, car il faut constamment se souvenir que Jésus-Christ s'est fait homme pour nous racheter de nos péchés.

Même s'il est obligatoire pour tout catholique de recevoir le sacrement de pénitence au moins une fois par an (cf. canon 989 du Code de Droit Canonique), la confession ne doit pas être considérée comme un fardeau mais comme une libération. Elle est comparable au nettoyage de fond en comble d'une maison, qui permet de tout remettre en ordre, c'est-à-dire, en l'occurrence, la communion avec Dieu, et la relation avec le prochain et avec soi-même. Le péché est un fardeau qui fait plier les personnes et les fait chuter toujours plus bas. Ainsi, il n'est pas rare que des personnes souffrant de graves problèmes psychologiques soient accablées par le péché. Il est d'autant plus important de redécouvrir l'effet curatif de la confession sacramentelle : elle est irremplaçable, surtout à notre époque. Par conséquent, il est vrai que la pratique de la confession – et non la participation à des forums de discussion – peut être considérée comme un critère de vitalité d'une société.

14

L'Eucharistie est-elle plus qu'un repas offert à tous ?

Dans les pays marqués par la Réforme protestante (Allemagne, Suisse, Pays-Bas…), un grand malaise s'est de nouveau répandu parmi les catholiques qui veulent rester fidèles à leur foi quand ils entendent parler la « Table du Seigneur » pour désigner la Sainte Eucharistie. Depuis longtemps, certains catholiques de ces pays prônent l'inclusion, qui consiste à inviter indistinctement tous ceux qui participent à la Messe de recevoir la sainte communion. On prétend qu'une réception interconfessionnelle de l'Eucharistie destinée à surmonter la séparation entre les chrétiens des différentes confessions, correspond aux « signes des temps ». En particulier dans le contexte actuel marqué par l'effondrement numérique des différentes Églises et communautés ecclésiales[22]. De plus - affirme-t-on - Jésus invite tout le monde à participer au « repas », personne n'en est exclu. On ajoute que ce n'est pas au Magistère de décider, mais au chrétien, qui, seul, est responsable de décider ce qu'il convient de faire en suivant sa conscience.

Ces positions et d'autres semblables sont mises en évidence avec beaucoup d'insistance et elles ont la seule subjectivité pour fondement. Pour être en mesure de traiter correctement une telle question, il est d'abord nécessaire de comprendre ce qu'est réellement la Sainte Eucharistie. S'agit-il simplement d'un repas dont le contenu symbolique a pour objet de manifester la présence aimante de Dieu dans la vie des fidèles ?

---

22 L'Église catholique attribue le nom « d'Église » aux Églises orthodoxes. Ces Églises, bien que séparées, ont de vrais sacrements, surtout en vertu de la succession apostolique. En revanche, les confessions chrétiennes issues de la Réforme (protestants, luthériens, calvinistes, baptistes, anglicans) qui n'ont pas le sacrement de l'ordre ou qui n'ont pas la succession apostolique dans l'ordination (pour les anglicans) et qui, de plus, n'ont pas conservé l'authentique et intégrale réalité du Mystère eucharistique, surtout par la suite de l'absence de sacerdoce ministériel, sont considérées comme des « communautés ecclésiales ». Cf. Congrégation pour la Doctrine de la Foi, Déclaration *Dominus Iesus*, du 6 août 2000 ; Réponses à des questions concernant certains aspects de la doctrine de l'Église, du 29 juin 2007.

Dieu s'est fait homme pour nous purifier de nos péchés. C'est dans ce but qu'il a établi l'Alliance Nouvelle et Éternelle dans son Sang, qui a été versé sur la Croix pour la Rédemption de tous les hommes (cf. 2 Co 5, 14). Ce Mystère de la foi (*Mysterium fidei*) est rendu présent dans la Très Sainte Eucharistie sous la forme du pain et du vin. La Sainte Écriture est accomplie par Jésus-Christ, le « Pain vivant qui est descendu du ciel », qui ajoute : « Si quelqu'un mange de ce pain, il vivra éternellement » (Jn 6,51). Déjà le martyr saint Justin († vers 165) explique dans son *Apologie*, conformément à la Tradition de l'Eglise, que l'Eucharistie n'est pas un pain ordinaire : lorsque les paroles de Jésus au moment de l'institution de l'Eucharistie le soir du Jeudi Saint sont prononcées par le prêtre sur le pain et le vin (« Ceci est mon Corps… Ceci est mon Sang… »), cela réalise la transformation miraculeuse des oblats qui rend présent le mystère de la Rédemption. Plusieurs siècles plus tard, à l'époque de la Réforme protestante, cette foi a été considérablement remise en question. C'est pourquoi le concile de Trente (1545-1563) s'est vu contraint de définir dogmatiquement la foi de l'Église en la Sainte Eucharistie pour offrir aux fidèles un enseignement dépourvu de toute ambiguïté. Le choix du concept de « transsubstantiation », qui exprime ce mystère de foi, convient parfaitement à l'intention du concile dans ce domaine : par la transformation de toute la substance du pain en son Corps et de toute la substance du vin en son Sang, Jésus-Christ se rend réellement présent dans l'Eucharistie.

Ce changement complet de la substance du pain et du vin en Corps et Sang de Jésus-Christ dans l'Eucharistie accomplit la promesse du Seigneur selon laquelle il nous ne laissera jamais orphelins (cf. Jn 14,18). En même temps, il est clair qu'il ne s'agit ni d'une commémoration symbolique, ni d'un repas ordinaire, mais de la présence réelle et substantielle de Dieu dans le sacrifice de lui-même en Jésus-Christ. À la Messe, le prêtre, agissant en la personne du Christ (*in persona Christi*), prononce les paroles de la consécration ; on peut dire que ces paroles suscitent la création d'une nouvelle réalité divine.

Rappelons aussi que l'apôtre saint Paul a adressé un avertissement très précis aux chrétiens de Corinthe. Il les a exhortés à faire un sérieux examen de conscience avant de recevoir la sainte Communion : « Celui qui aura mangé le pain ou bu la coupe du Seigneur d'une manière indigne devra répondre du corps et du sang du Seigneur. On doit donc s'examiner soi-même avant de manger de ce pain et de boire à cette coupe. Celui qui mange et qui boit mange et boit son propre jugement s'il ne discerne pas le corps du Seigneur » (1 Co 11, 27-29). Recevoir le Corps et le Sang du Christ signifie entrer dans l'union la plus intime avec Dieu, et cela présuppose nécessairement la pleine communion avec Lui et son Église. C'est ce qu'on appelle « l'état de grâce », et c'est pourquoi aucune personne consciente d'un péché grave ou mortel ne devrait recevoir le Corps du Seigneur.

Ceux qui sont conscients de la grandeur de ce don divin dans la Très Sainte Eucharistie manifestent nécessairement leur foi par des gestes de grand respect et d'adoration, comme la génuflexion devant le Saint-Sacrement, et plus généralement l'agenouillement en présence de la Sainte Eucharistie, ainsi que la communion dans la bouche, qui est la forme appropriée et approuvée par l'Église pour recevoir la communion. Il en est de même des prêtres qui doivent purifier les vases sacrés (calice, patène, ciboire) avec beaucoup de soin et de respect.

En conclusion, la norme de saint Paul correspond à la nature de la Très Sainte Eucharistie, car celle-ci « contient tout le trésor spirituel de l'Église » (Vatican II, décret sur le ministère et la vie des prêtres *Presbyterorum Ordinis*, 5). Il ne s'agit donc pas d'une réalité secondaire ou banale, car l'Église vit de l'Eucharistie (cf. Jean-Paul II, encyclique *Ecclesia de Eucharistia* du 17 avril 2003, 1), elle est la source et le sommet de toute la vie chrétienne (concile Vatican II, *Lumen Gentium*, 11)[23].

---

23 Pour répondre à la question initiale de ce chapitre concernant la réception interconfessionnelle de l'Eucharistie, les normes de la *communicatio in sacris* contenues dans le canon 844 du Code de Droit Canonique prévoient que chaque fois que la nécessité l'exige ou qu'une vraie utilité spirituelle s'en fait sentir, et à condition d'éviter tout danger d'erreur ou d'indifférentisme, il est permis aux fidèles qui se trouvent dans l'impossibilité physique ou morale d'avoir recours à un ministre catholique, de recevoir les sacrements de pénitence, d'Eucharistie et d'onction des malades de ministres non catholiques, dans l'Église où ces sacrements sont valides. Cela exclut toutes les communautés ecclésiales issues de la Réforme protestante. De même, les ministres catholiques administrent licitement les sacrements de pénitence, d'Eucharistie et d'onction des malades aux membres des Églises orientales qui n'ont pas la pleine communion avec l'Église catholique, s'ils le demandent de leur plein gré et s'ils sont dûment disposés ; ceci vaut aussi bien pour les membres d'autres Églises qui, au jugement du Siège Apostolique, se trouvent pour ce qui concerne les sacrements dans la même condition que les Églises orientales susdites. Ce n'est jamais le cas de toutes les communautés ecclésiales issues de de la Réforme protestante.

15

La Messe est-elle vraiment irremplaçable les dimanches et fêtes d'obligation ?

Pendant la crise sanitaire du coronavirus, la plupart des gouvernements ont pris des mesures rigoureuses, allant jusqu'à restreindre drastiquement la célébration des grandes fêtes importantes comme Noël et Pâques. Pour de nombreux chrétiens, le confinement a constitué un véritable défi. Pour affronter ce problème très sérieux, la question suivante s'est rapidement posée : peut-on célébrer une grande fête catholique en renonçant à participer à tout office religieux, en particulièrement la sainte Messe ?

Nombreux sont ceux qui ont conseillé de ne pas aller à l'église en pensant que cette mesure draconienne protégerait les fidèles, c'est-à-dire, en l'occurrence, leur santé. Après tout, affirmaient-ils, on peut tout aussi bien célébrer les offices religieux à la maison. D'autres ont voulu marquer leur solidarité avec les citoyens les plus touchés par les mesures gouvernementales, qui étaient obligés de respecter un strict confinement, en annulant les services religieux. On peut se demander si, en l'absence de la sainte Messe, il possible de considérer que le dimanche ou la fête d'obligation sont vraiment célébrés, et existe-t-il d'autres manières de les célébrer ? Pour répondre à cette question, il est nécessaire de comprendre au préalable la signification profonde du dimanche et d'une solennité. Nous prendrons comme exemple la célébration de Noël.

De nos jours, on a souvent l'impression que Noël est une jolie fête familiale pleine d'émotion, où tous aiment à se retrouver pour passer un bon moment dans la joie et la paix. Cependant, cette conception étriquée de Noël n'a pas grand-chose à voir avec le message de la Nativité proprement dit. En effet, le fait que Jésus, le Sauveur de l'humanité, soit né dans la pauvreté et le froid d'une étable, « parce qu'il n'y avait pas de place pour eux dans la salle commune » (Lc 2,7), exprime une autre réalité qui est bien différente. Dieu avait choisi ce lieu, d'une simplicité sans pareil, pour que rien ne vienne détourner notre attention de cet événement unique et incomparable qui marquait le début de notre rédemption.

Tel est le message central de Noël, comme l'Église en témoigne solennellement dans le *Credo* : « Pour nous les hommes et pour notre salut, il descendit du ciel ; par l'Esprit Saint, il a pris chair de la Vierge Marie, et s'est fait homme ». Noël est donc la célébration du début de notre Rédemption accomplie sur le calvaire par le sacrifice de Jésus sur la croix. La Rédemption est synonyme de « rachat » ; elle signifie l'expiation de nos péchés qui nous séparent de Dieu. La Rédemption est obtenue par le sacrifice du Fils de Dieu, Jésus-Christ, qui est venu dans notre monde pour être le Médiateur entre Dieu et les hommes et qui « s'est livré lui-même en rançon pour tous » (1 Tm 2,6). Le salut est donc offert à tous les hommes de bonne volonté (cf. Lc 2,14), à condition que chacun d'eux accepte de l'accueillir.

Cependant, à notre époque, beaucoup ont rejeté Dieu. La Sainte Écriture nous dit que l'annonce de la naissance du Messie a bouleversé tout Jérusalem (cf. Mt 2, 3) et qu'elle a même provoqué une persécution sanglante (cf. Mt 2, 16)[24]. Il est donc clair que le Messie est venu dans ce monde pour donner sa vie en « rançon pour la multitude » (Mc 10,45), à commencer pour ceux qui, à Noël, sont venus à la crèche pour l'adorer[25].

---

24 Il s'agit du massacre des Saints Innocents, c'est-à-dire le meurtre de tous les enfants de moins de deux ans dans la région de Bethléem ordonné par Hérode : cf. Mt 2, 13-18.

25 Il s'agit des bergers (cf. Lc 2, 16), et plus tard des mages (Mt 2, 11).

L'adoration devient ainsi le signe de la reconnaissance et de l'accueil de Dieu dans notre vie.

Ce qui vient d'être dit permet de mieux comprendre ce qu'est la fête de Noël, et donc de répondre à la question posée au début de ce chapitre. Noël ne peut être compris que par ceux qui, comme les bergers et les mages, fléchissent le genou pour adorer Dieu dans sa toute-puissance et sa grandeur. Les Pères de l'Église interprétaient déjà la crèche de manière allégorique comme un autel, car le Seigneur Jésus s'est fait homme pour nous racheter, et la Rédemption est rendue présente dans la Sainte Eucharistie. C'est pourquoi la sainte Messe est indissociable de Noël et elle ne peut être remplacée par rien, ni personne, tout comme rien, ni personne ne peut être substitué à Jésus-Christ le Rédempteur, sans lequel il n'y a pas de Noël.

De plus, pour les chrétiens, le bien suprême n'est pas la santé mais la vie éternelle. En temps de crises, de guerres et d'épidémies, l'Église n'a cessé de prier avec toujours plus d'intensité tout en renouvelant sa confiance en Dieu. Lorsque les Messes de Noël, de Pâques ou même « simplement » la Messe d'un dimanche ordinaire sont annulés, la rencontre avec Celui qui seul a « les paroles de la vie éternelle » (Jn 6,68) fait gravement défaut. Souvenons-nous notamment des premiers chrétiens de Carthage (vers l'an 300) : ils préférèrent mourir martyrs que de renoncer à la messe dominicale ; ils affirmaient qu'ils ne pouvaient pas vivre sans célébrer le dimanche, le Jour du Seigneur. Ils étaient bien conscients que l'Église – et donc eux-mêmes – vit de l'Eucharistie.

16

Marie est-elle un modèle de la libération et des droits des femmes ?

Ces dernières années, dans certains pays occidentaux[26], en particulier dans le monde germanophone[27], on a vu apparaître un certain nombre de revendications visant à changer la structure d'une Église qui serait dominée par les hommes. Cela a donné lieu à des actions diverses, y compris des grèves, associées à des appels réclamant la possibilité pour les femmes d'accéder au ministère ordonné. Le nom de « Marie » (plus précisément « Marie 2.0 ») a été lancé comme un slogan

---

26 Il s'agit notamment des pays de l'Europe occidentale (Allemagne, Suisse, Autriche, Grande-Bretagne, Belgique, Pays-Bas, France…), de l'Amérique du Nord (Etats-Unis, Canada), de l'Océanie (Australie, Nouvelle-Zélande…)…

27 L'auteur se réfère plus particulièrement au chemin synodal allemand commencé en janvier 2020 et qui doit s'achever à la fin de 2022.

par les adeptes de ce bouleversement[28]. Pour eux, Marie, la mère de Jésus, est censée incarner une femme qui n'a pas accepté qu'on la réduise au silence, et même qui a défendu ses propres droits et – si nécessaire – s'est battue pour les faire triompher. Certains n'ont pas hésité à attribuer à Marie le titre de « cofondatrice de l'Église ». Ces prises de position nous offrent l'occasion de préciser qui est vraiment la Vierge Marie et la place qu'elle doit tenir dans notre vie. Répondre à cette question présuppose de rappeler un certain nombre de points essentiels sans lesquels toute connaissance exhaustive et précise sur ce sujet est impossible.

Marie, la Mère de Dieu, est inséparablement liée au mystère du salut qui a été révélé en Jésus-Christ. En tant que vrai Dieu et vrai homme, Jésus est né de la Vierge Marie (cf. La profession de foi ou *Credo*). Ce préliminaire nous permet de comprendre clairement que la Vierge Marie – plus qu'aucune autre créature – fait partie intégrante du mystère de Dieu. En effet, Marie reçoit

28 Le mouvement féministe allemand, Maria 2.0, organise des grèves des femmes catholiques. Elles exhortent leurs consœurs à cesser toute activité ecclésiale. « Nous croyons que la structure qui encourage et cache les abus est aussi celle qui exclut les femmes du ministère et de la consécration, et donc des décisions fondamentales et du contrôle dans l'Église », estiment-elles.

tout de Dieu, elle est celle qui reçoit toutes grâces de Dieu. De ce fait, elle devient ainsi l'archétype de l'Église (cf. concile Vatican II, *Lumen Gentium*, 53). L'Écriture Sainte affirme clairement qu'elle est « comblée de grâce » (*plena gratia*), comme le lui dit l'archange saint Gabriel le jour de l'Annonciation (Lc 1, 28). Et la Vierge Marie exprime son consentement sans réserve au plan divin du salut par ces mots : « Je suis la servante du Seigneur; que tout m'advienne selon ta parole » (Lc 1,38).

Par la grâce de Dieu et son libre consentement, la Vierge Marie est devenue la Mère de Dieu (*theotokos*), comme l'a défini dogmatiquement le Concile d'Éphèse (431). Cette vérité de foi doit être comprise avant tout du point de vue christologique, car elle émane du dogme des deux natures divine et humaine de Jésus-Christ. En effet, la Vierge Marie, en tant que créature, conçoit l'Homme-Dieu, ce qui lui permet d'entrer d'une manière unique dans le mystère du Dieu trinitaire : elle est la fille du Père, la mère du Fils relativement à la nature humaine de Jésus, et l'épouse de l'Esprit Saint.

Ainsi, la compréhension correcte de la personne de la Vierge Marie est révélée par la foi, et la foi elle-même présuppose de notre part l'acceptation de la Révélation de Dieu. A ce sujet, il faut éviter de tomber dans les deux écueils suivants : a) la négation de la vraie divinité du Christ, qui conduit à la négation du titre attribué à la Vierge Marie de « Mère de Dieu » ; b) la négation de la vraie humanité du Christ, qui conduit à la négation de la maternité de Marie.

Les controverses actuelles concernant notamment la Vierge Marie montrent clairement que la foi en la divinité du Christ, le Rédempteur, à qui seul appartient le salut de l'humanité, risque de disparaître. Dans les premiers siècles, le patriarche de Constantinople Nestorius († vers 453) défendait déjà une fausse doctrine de ce genre, même s'il faut noter que les objections maladroites de l'époque actuelle ne peuvent être comparées à son argumentation particulièrement subtile.

Si le salut transmis par la foi n'est plus reconnu et accepté comme un don de Dieu, en considérant aussi la manière dont Dieu a voulu nous le communiquer, alors les revendications concernant les droits et l'égalité occupent cette place désormais vide. En y regardant de plus près, on s'aperçoit qu'une telle position est absurde, car depuis quand la créature est-elle devenue l'égale du Créateur ?

La Vierge Marie, la Mère de Dieu, se présente comme « la servante du Seigneur », et elle rend grâce pour sa « petitesse » (Lc 1,48), parce qu'elle sait que la dignité du chrétien consiste à être élevé par Dieu, par sa grâce. Ainsi, la Vierge Marie est la créature la plus éminente et la plus sainte, surpassant en sainteté même les apôtres, les anges et les saints. Cette élévation sublime provient du fait qu'elle a accepté humblement le salut selon le plan de Dieu. On peut en conclure facilement que les revendications formulées sous le titre « Marie 2.0 » n'ont rien, mais vraiment rien du tout à voir avec la Mère de Dieu, la Très Sainte Vierge Marie.

17

Les écrits sur les anges et les vies de saints sont-ils plus que des récits édifiants ?

Il semble que, de nos jours, la croyance en l'existence des anges soit en plein essor. Toutefois, on ne peut que déplorer qu'elle soit mêlée à des pratiques ésotériques. Celles-ci proposent les « amulettes des anges », le « tarot des anges », les « huiles curatives des anges », et bien d'autres choses encore. À côté de ce phénomène, de nombreux chrétiens semblent avoir rompu toute relation autant avec les anges qu'avec les saints. Sous l'influence d'une interprétation rationaliste de la Sainte Écriture et d'une théologie influencée par cette dernière, la référence à ce qu'on appelle le « surnaturel » en théologie, qui inclut la doctrine concernant les anges et les saints, a été négligée et même combattue. De plus, si les anges sont mentionnés dans la Bible, comme les archanges Michel, Gabriel et Raphaël, ou aussi les saints, comme Elie, Moïse, Jean-Baptiste, les fidèles ont perdu, semble-t-il, tout lien avec eux dans leur vie quotidienne. Pourtant, la célébration de la Sainte Eucharistie, à laquelle beaucoup de ces fidèles participent, est le lieu privilégié de la rencontre avec cette réalité. Mais ils ne sont plus conscients de cette composante pourtant essentielle de leur foi ; celle-ci les concerne très peu. Dès lors, une question se pose : les écrits concernant les anges et les vies de saints sont-ils plus que de pieux contes de fées ? Quelle importance doivent-ils avoir dans la vie des croyants ?

Pour répondre à cette question, il faut d'abord rappeler ce que sont réellement les anges et les saints. Les anges sont mentionnés aussi bien dans l'Ancien que dans le Nouveau Testament. Dans le Nouveau Testament, ils sont présents dans tous les événements importants du salut, comme la naissance du Seigneur Jésus (cf. Lc 1, 26-37) et sa résurrection (cf. Lc 24, 23). Ce sont des êtres purement spirituels qui surpassent en perfection toutes les créatures visibles, à l'exception de la Très Sainte Vierge Marie ; ils sont les messagers de Dieu. On distingue neuf « chœurs » d'anges, chaque « chœur » se caractérisant par des fonctions spécifiques qui les distinguent des autres[29].

---

29 Les neuf chœurs des anges et leurs fonctions : les Anges

Contrairement aux anges déchus, que sont les démons, ils servent Dieu sans interruption. Mais ils ont aussi des missions importantes à accomplir sur la terre. Surtout, ils sont présents à chaque Sainte Messe, comme en témoigne le « *Sanctus* », qui est le chant des anges[30]. De plus, chaque baptisé a un ange gardien à ses côtés qui l'accompagne tout au long de sa vie (cf. *Catéchisme de l'Église catholique*, 336).

Il en va différemment des saints : ce sont des êtres humains qui ont vécu en ce monde et sont parvenus auprès de Dieu après leur mort. Par conséquent, le jour de leur mort est considéré comme leur « *dies natalis* » (le jour de leur naissance au Ciel) ; il s'agit de leur « anniversaire » dans la vie éternelle, et c'est pourquoi ils sont généralement célébrés ce jour-là dans la litur-

---

(ou messagers), les Archanges (ou messagers extraordinaires), les Vertus (revêtus de la force et de la vigueur de Dieu), les Puissances (qui luttent contre les démons), les Principautés (gardiens de l'ordre divin), les Dominations (messagers des commandements de Dieu), les Trônes (qui sont au service de la justice et de l'autorité de Dieu), les Chérubins (qui sont au service de la science et de la sagesse de Dieu) et les Séraphins (qui ont mission de répandre l'amour de Dieu).

30 Le *Sanctus* est le cantique de la liturgie céleste cité dans l'Apocalypse (Ap 4,8). La première partie de ce chant vient du Livre d'Isaïe (Is 6,3), et la deuxième partie de l'acclamation du dimanche des Rameaux (Mt 21, 9).

gie[31]. Pour pouvoir entrer dans la contemplation du Dieu trois fois Saint, ils ont dû se libérer de tout péché. Ils sont ainsi dans la communion avec Dieu, le Saint par excellence, d'où leur qualificatif de « saints ». De plus, puisqu'ils vivent dans la présence de Dieu, ils sont des intercesseurs que nous pouvons invoquer pour obtenir les grâces dont nous avons besoin. Après un examen attentif, l'Église les canonise après avoir reconnu qu'ils ont vécu les différentes vertus d'une manière héroïque. Comme pour les anges, il existe des degrés de sainteté correspondant au degré de perfection des saints.

Les saints forment l'immense majorité de membres de l'Église ; avec les anges, ils se situent donc concrètement au cœur de l'Église. Ils nous rappellent que le but de la vie chrétienne est ordonné vers sa source, qui est sainte, à savoir la communion avec Dieu. Sur ce chemin, les anges et les saints ne sont pas seulement des modèles, mais ils ont pour mission d'aider ceux qui sont en pèlerinage sur cette terre. De grandes grâces peuvent être obtenues par leur intercession,

---

31 Dans la grande majorité des cas, la fête du saint tombe le jour de sa mort, appelée *dies natalis* ou le jour de sa naissance au ciel. Toutefois, la date de sa canonisation peut également être choisie, ou encore une autre, comme par exemple celle de la translation de ses reliques.

comme en témoignent les innombrables prières qui sont exaucées et les très nombreux miracles. La Tradition veut qu'on les vénère et qu'on les invoque constamment dans la prière.

18

Que se passe-t-il après la mort ? Est-ce le paradis pour tous ?

La plupart de nos contemporains ignorent cette question, qui est sans doute la plus fondamentale : que se passe-t-il après la mort ? Et de nombreux chrétiens ne sont plus en mesure d'y répondre. Il n'est donc pas étonnant que les idées provenant des croyances de l'Extrême-Orient ne cessent de progresser ; certains catholiques en arrivent même à adhérer à la transmigration des âmes ou à la réincarnation. De plus, dire un mot sur ce sujet des fins dernières dans une homélie peut être risqué pour le prédicateur, surtout s'il ose parler de l'enfer. Cela arrive parfois, mais, dans ce cas, la plupart du temps, il ne parle presque exclusivement que du ciel, en affirmant en quelque sorte, conformément au refrain de la fameuse chanson, que : « On ira tous au paradis »[32].

Ce phénomène n'est pas nouveau. Déjà dans l'Église des premiers siècles, une doctrine s'était répandue, l'*apocatastasis*, c'est-à-dire la restauration finale de toutes choses en leur état d'origine. Elle était fondée sur la croyance suivante : à la fin des temps, Dieu réconciliera tous les hommes avec Lui et il leur donnera accès au ciel, puisque, par nature, Il est amour (cf. 1 Jean 4,8). Certains théologiens contemporains, qui adhérent à cette doctrine, prétendent même que, s'il existe un enfer, celui-ci est vide.

Que se passe-t-il après la mort ? Tous les hommes vont-ils vraiment au ciel ? Les réponses à ces questions ne peuvent être formulées en se référant à l'expérience subjective des individus, ni au contenu des spiritualités de l'Extrême-Orient, mais uniquement à la Révélation de Dieu telle qu'elle s'est manifestée en Jésus-Christ. La profession de foi appelée le *Credo*, affirme que « pour nous les hommes et pour notre salut, il descendit du ciel ». Cependant, l'homme ne fut vraiment

32 « On ira tous au paradis » est une chanson de Michel Polnareff de 1972 composée sur des paroles de Jean-Loup Dabadie.

« sauvé » dans le sens plénier de ce terme que lorsque la mort, qui était entrée dans le monde par le péché (cf. Rm 5,12), a été vaincue par Jésus sur la croix. C'est donc à juste titre que Jésus-Christ est appelé le « Sauveur » ou « Rédempteur », car, par sa mort il a vaincu la mort (cf. Rm 5,19) en « se donnant lui-même en rançon pour tous » (1 Tm 2,6).

Les hommes ont toujours été conscients que, finalement, seul Dieu est capable de leur donner le salut, car il transcende tout pouvoir humain. Or, la rédemption s'est définitivement accomplie en Jésus-Christ. La théologie parle ici de « salut objectif », car il s'applique à tous les hommes et à tout moment. Il correspond à la volonté de Dieu pour le salut de l'humanité, « car Dieu veut que tous les hommes soient sauvés et parviennent à la pleine connaissance de la vérité » (1 Tm 2,4).

Cependant, le salut n'est pas acquis automatiquement d'une manière passive, car la rédemption de toute l'humanité accomplie par Jésus dépend aussi l'acceptation personnelle du Christ de la part de chaque homme. Il s'agit du « salut subjectif », qui tient compte de la liberté de l'individu. Dans le récit de la dernière Cène, on peut lire : « Ceci est mon sang, le sang de l'Alliance, versé pour la multitude en rémission des péchés »

(Mt 26,28)[33]. Cela signifie que l'Alliance ne devient effective pour chaque homme que lorsqu'il est disposé à accepter la rédemption apportée par le Christ, et donc Jésus-Christ lui-même. Ainsi, la réalisation de l'Alliance pour chaque homme présuppose une décision personnelle lui permettant d'accueillir le salut dans sa propre vie pour bénéficier de ses effets. Comment pourrait-il en être autrement ?

En Jésus-Christ, Dieu révèle son plan de salut pour le monde, et il est inévitable que les opinions des hommes divergent à ce sujet. Jésus est la pierre angulaire : « Celui qui croit en moi ne périra pas », affirme-t-il (Jn 11, 26). En d'autres termes, Jésus nous dit : « honneur à vous, les croyants ! » (1 P 2, 7). Et il ajoute : « Mais pour ceux qui refusent de croire, cette pierre, qu'ont rejetée les bâtisseurs, est devenue la pierre d'angle,

---

33 « Pour la multitude » est la traduction du latin : « *pro multis* » (pour beaucoup). L'expression « *pro multis* » ne doit donc pas être traduite par : « pour tous » (*pro omnibus*), contrairement à certains Missels officiels en langues vernaculaires, comme par exemple les Missels en langues allemande (*für alle*) ou italienne (*per tutti*). Le 28 mars 2006, Benoît XVI avait donné l'instruction à la Congrégation pour le Culte Divin et la Discipline des Sacrements d'exiger qu'à l'occasion des nouvelles traductions des Missels, on revienne, au « *pro multis* » dans la formule de la consécration du vin et qu'on abandonne le « *pro omnibus* ».

une pierre d'achoppement, un rocher sur lequel on trébuche, la pierre contre laquelle on frappe et le rocher sur lequel on tombe » (1 P 2, 7-8). C'est pourquoi, selon une vérité définie infailliblement par l'Église (cf. Benoît XII, constitution *Benedictus Deus* du 29 janvier 1336), la mort est suivie immédiatement du jugement particulier. Après la mort, celui qui a accueilli Jésus-Christ dans sa vie entre immédiatement dans le Royaume des cieux s'il n'a pas besoin de se purifier du péché. Mais celui qui, après la mort, a encore besoin de se purifier des péchés qu'il a commis durant son existence passe par une étape de purification que l'on appelle le Purgatoire (*Purgatorium*), avant d'entrer dans le ciel, c'est-à-dire dans cette contemplation de Dieu tant désirée. En revanche, celui qui meurt en état de péché mortel sans s'en être repenti est condamné à la damnation éternelle.

L'Évangile est à juste titre synonyme de « Bonne Nouvelle » car il indique un chemin concret qui - si nous le suivons - ne mène pas à la ruine ou au néant, mais au salut de notre âme. Toutefois, souvenons-nous toujours de cet avertissement de Jésus : « Entrez par la porte étroite ! Elle est grande, la porte, il est large, le chemin qui conduit à la perdition ; et ils sont nombreux, ceux qui s'y engagent. Mais elle est étroite, la porte, il est resserré, le chemin qui conduit à la vie ; et ils sont peu nombreux, ceux qui le trouvent » (Mt 7,13-14).

Postface

Cet ouvrage n'a pu aborder qu'une série limitée de sujets. Ils ont été choisis avec le souci de montrer la bonne direction à tous ceux qui, avec bonne volonté (cf. Lc 2, 14) et droiture, désirent se mettre en chemin sur la voie que Dieu leur indique, mais qui n'arrivent pas à avancer, secoués par les vents contraires des opinions souvent contradictoires. Aujourd'hui comme hier, cet avertissement de Jésus, grave et urgent, se vérifie : « Beaucoup de faux prophètes se lèveront, et ils égareront bien des gens. À cause de l'ampleur du mal, la charité de la plupart des hommes se refroidira » (Mt 24, 11-12).

La foi n'est pas une réalité compliquée faite de théories, mais elle est simple et donc fondamentalement accessible à tout être humain. Cette simplicité a été perdue dans de nombreuses disciplines relevant de la théologie. Les théologiens s'abritent souvent derrière des déclarations péremptoires, aux fondements philosophiques souvent abscons, et il n'est pas rare qu'ils s'en servent comme autant de prétextes pour s'écarter de la vérité de l'Évangile. Se référant à un prétendu « développement de la doctrine » et aux « dernières découvertes », également dans le domaine des sciences humaines, ils se font les chantres de contradictions qu'ils présentent comme autant de « développements ultérieurs ». Cette prétention aboutit à une situation absurde puisque certaines disciplines de la théologie sont devenues incapables de formuler des réponses aux questions les plus simples et fondamentales relevant de la foi, comme, par exemple, l'existence de l'enfer et du démon, ou la pertinence de certains commandements de Dieu dans le domaine de la théologie morale, dont les fondements bibliques ne font pourtant aucun doute.

Au contraire, Jésus nous dit dans l'Évangile : « Que votre parole soit "oui", si c'est "oui", "non", si c'est "non". Ce qui est en plus vient du Mauvais » (Mt 5, 37). Le Pape Benoît XVI, l'un des plus grands intellectuels et théologiens qui s'est assis sur la Chaire de Pierre, a affirmé à plusieurs reprises : « La foi est simple. Nous croyons en Dieu - en Dieu, principe et fin de la vie humaine. Dans ce Dieu qui entre en relation avec nous, êtres humains, qui est notre origine et notre avenir » (Benoît XVI, Homélie du 12 septembre 2006).

La simplicité de la foi est une condition préalable à notre adhésion : « Amen, je vous le dis : si vous ne changez pas pour devenir comme les enfants, vous n'entrerez pas dans le royaume des Cieux » (Mt 18,3). Dans l'Évangile, cette simplicité est décrite comme la foi d'un enfant, qu'il ne faut en aucun cas confondre avec une foi enfantine. Elle est le fruit de la relation filiale de l'homme avec Dieu qui lui est accordée gratuitement par le baptême. Elle est l'expression d'une profonde confiance dans le Seigneur, qui *est* vrai et accorde à la vie de tout homme une direction à la fois nouvelle et précise. Cette constatation se reflète dans la prière du « Notre Père » ainsi que dans celle que le Seigneur Jésus lui-même adresse à son Père : « Père, Seigneur du ciel et de la terre, je proclame ta louange : ce que tu as caché aux sages et aux savants, tu l'as révélé aux tout-petits ». (Mt 11,25).

Telle est la foi chrétienne. Elle est fondée sur la Parole de Dieu et cette « Parole est vérité » (Jn 17,17). Celle-ci est vraie quelles que soient les époques et dans toutes les cultures, car « elle est vivante, la Parole de Dieu, énergique et plus coupante qu'une épée à deux tranchants ; [...] pas une créature n'échappe à ses yeux, tout est nu devant elle, soumis à son regard ; nous aurons à lui rendre des comptes » (He 4,12-13).

Aussi importante que soit la connaissance de la vérité, elle ne devient crédible que dans l'amour. Les meilleurs arguments sont de peu d'utilité si la foi n'est pas vécue par quelqu'un qui, chaque jour, en est le témoin. Pour que cela soit possible, des conseils et des orientations précises sont nécessaires. Ce livre voudrait apporter sa modeste contribution à ce besoin urgent et vital.

Table des matières

ACHEVÉ D'IMPRIMER
LE 25 MARS 2022,
EN LA FÊTE DE L'ANNONCIATION DU SEIGNEUR,
POUR LE COMPTE DES EDITIONS DMM

